任せる技術

交办的技术

职场晋升第一课

［日］小仓广 / 著
林佑纯 / 译

北京联合出版公司
Beijing United Publishing Co.,Ltd.

序一　我的长期困惑，终于得到了解答

2004年底，我刚从台湾 ICI Paints 财务长调任香港 ICI Swire Paints 的总经理。大家都在庆祝圣诞节及新年，我则是在办公室内苦思我该怎么制订香港公司未来五年的策略计划。说真的，那时我真的很担忧，因为我除了财务的知识与经验之外，鲜有其他领域如销售、营销、市场、人力资源等方面的经验，更何况我对香港市场的了解很有限，也从未做过一个完整的五年策略计划。可是我的上司要求我在两个月内要完成香港公司的五年策略计划，这对我来说是很大的挑战。

我用了一个月的时间做好了策略计划，然后向我的上司报告，但很快被退回，他认为这样的策略只是一张愿望清单，而非可行的行动计划，也不能真正替公司创造可以持久的胜利。因此，我重新再来一次。幸好我有一群很有经验的经理们，从他们那里我得到了很多相关信息，其中包括香港市场的现状与挑战、我们的优势与缺点等，因此我们的策略计划才能在第二次报告时得以通过。

现在回想这件往事，我很感谢我的上司。他在对我严格要求的同时也能相信我可以达到他的要求，并愿意放手让我去尝试我的想法。这些经验，不管是成功的还是失败的，对我后来的工作都有着莫大的帮助。

我认为专业经理人对公司的责任之一，或者说最重要的责任之一，就是培养公司未来的经理及领导人才。但是常常让我觉得很困惑的是：我该用何种方式去锻炼他们的能力、培养他们正确的思考与价值判断，使他们成为一群能在未来承担更大的责任乃至领导公司未来向上发展的人才。

我也发现，要达成这个目标的最大障碍，往往就是自己。譬如说，我是一个很怕浪费时间的人，也很讨厌那些由等待和不确定所带来的风险。因此我交代工作时，习惯性地会告诉他们我要的是什么、格式内容是什么、完成的方法或步骤一二三等。后来我发现，虽然同事们可以因为我这样巨细靡遗的解说而少犯一点错误或节省一点时间，但有少数的同事会因此习惯性地等待我的指令，而丧失了积极主动地去解决问题的意愿。

有时候我也会担心同事没有足够的能力完成我交代的任务，因此为了节省时间，我往往宁愿自己做，不然就是将有挑战性的工作集中在几个能力比较强的同事身上，但是这样又会造成劳逸分配不均、一些人工作过量的问题。

这些问题常常困扰着我。直到看到这本由日本著名人力资源专家小仓广所写的《交办的技术》，我才了解我过去的问题出在哪里。

培养人才的障碍，往往是主管自己

或许是因为担心员工能力还不成熟，也或许是怕他们的失败影响到工作的进度，所以我对待同事的方式有点像对待小孩，不给他们太多有挑战性的工作，而这些挑战性高的工作往往集中分配给几个资深经理或能力较好的员工。但是这样只会养出一小群能力优秀的 A 级员工，和一群能力有限及战斗意志不高的 B 级、C 级员工。我也会常常因担心他们走错方向或做错，而出手干预他们的方针或做法。这样只会教出少做少错，或只会等待指令的员工。

真正培养优秀员工的方法，就是将工作交给他们，让他们在摸索和犯错中，淬炼自己的能力。要定期追踪他们的进度，以开放式的问题将他们引导到正确的方向，不要随意干涉，并且要为他们提供适当的支持与资源。要做到这些真的不容易，但为了培养出青出于蓝的下一代企业领袖，所有管理阶层都必须培养"放手"的认知与习性。

回想起过去的上司对我的严格要求，以及他的"不干涉主义"——

放手让我做我认为对的事，这些辛苦但又极有价值的经历就是我能成长的主因。我希望也能像我的上司一样，培养出公司的新一代人才，让我们的未来更强大、更卓越！这本《交办的技术》对我过去的困惑提供了清晰的解答。相信它也能为很多企业主管提供一个可行的路径，来培养更多的人才。

台湾阿克苏诺贝尔涂料公司总经理　蔡定遂

序二　颠覆一般经验的洞见

一个追求成长的企业，一定会需要各种优秀人才，也一直都在寻找适合公司长远发展的人才。除了从公司外部去挖有实力的人员之外，公司也会在内部举办各式各样的教育培训，为公司的发展储备未来的人才。但是，我发现，许多公司内部的教育培训只教员工工作所需的技能，如产品知识或简报技巧，而忽略了教导员工如何去面对更有挑战性的工作责任，来进一步提升自我。如果你对这个课题很有兴趣，但不知如何去发展的话，《交办的技术》会为您提供相当多的实务经验，让您得以一窥堂奥。

要如何让部属愿意接受更有挑战性的工作？基本上这是一件很不容易的事。作者认为，不论部属是否已经准备好，主管就是要把工作交付下去，这样主管自己才能有更高的工作效率，而"交付工作"因而也能成为栽培人才的机制。在此过程中，主管不能出手指导部属完成工作，因为一出手，工作又回到主管的身上，部属也就失去成为主角的机会了。

这个观点与做法其实颠覆了一般人的现实经验，却又直指一般业界实务的问题核心。我因工作的机会认识许多业界的业务人员，他们在公司内部每周都会召开业务会议，在会议的过程中要检讨业绩数字是否如期如实达到，所以他们的主管大部分都是以"指示工作"来代替"交付工作"，希望能在最快的时间内完成重要的紧急事项。我也观察到，这样一来，事情的确是完成了，但部属却成为执行命令的机器人，公司完全缺乏对人才的栽培及领导能力的训练，部属对公司也缺乏归属感。

作者以其自身的历练，点明了许多在交付工作时所需注意的"诀窍"，其中我觉得最棒的是对主管应持有的心境的比喻。主管对部属应该要像

"在台边注视着孩子的钢琴演出"的家长一样,你知道在整首演奏中,孩子的关卡在哪里,是不是有一个好的开头,难关是不是顺利通过,最重要的是不能冲过去帮孩子演奏,只能在旁边相信他会成功。这或许是一般主管很难达到的境界,但却是非常值得努力的方向。

带人的工作真的不是一件简单的事,劳心又劳力。幸好作者在本书中提供了许多要注意的重点以及实用的技巧,以帮助主管们准确地将工作交付下去——不仅能顺利地完成工作,也能达到栽培人才的目的。相信这本书对各层级的主管都能带来观念上的启发与实务上的改善。

台湾敦阳科技第六事业群金融业务处副总经理　张晏源

序三　技巧知人心，交办见格局

"交办"这件事真的有很多技巧诀窍，它不仅是一个领导者与被领导者的单一对应关系，更形成了同事之间竞争与合作的局面。身为领导者，就是要带出一个（群）足以贯彻绩效目标的部属，在这过程中，又难免和同事展开各种竞合博弈，加总起来就构成了企业政治学。

在多年的职场生涯中，我观察到有两种主管带人风格。第一种风格是担心部属有一天会压过自己，因此先发制人，拒绝让同事成长。这种情形通常会造成部属绩效欠佳、疲于受挫的问题。另一种风格则是完全放任，这种情形则会产生因循怠惰、绩效无踪的问题。怎么办？压也不对，放也不对，其实关键在格局。

我曾在外资企业工作，几年后，自认出力不少，于是跑去找董事长，表达了想要晋升的意愿。董事长的回答十分耐人寻味，他说，不管我绩效如何突出，如果不能找到足以接任的人选，即便是管理范围越来越大，也无法晋升。一语惊醒梦中人，我的思考点马上从立刻完成任务转变成培养继任人选，甚至每当新人报到，我介绍工作任务时的最后一句话一定是："你们的唯一目标就是取代我。"我的同事也能以正面积极的态度尽情地发展能力。因为乐于拥抱竞争，所以我也能顺利找到我的继任人选，朝更大的舞台前进。

主管自己的格局变大，就不会对培养人才有所顾虑，自然乐意把工作交办出去。本书给我的最大指点是：身为主管的我们，总是陷入追求短期绩效与长期发展的两难。交办工作之后，部属有自己的做事方法，主管"就算无法接受，也要忍耐再忍耐"。不过，忍耐的基础是"提高要求，让他发挥到极致"。因为追求极致，所以难免会犯错，所以还得"保障他失败的权利"。为什么？因为失败才是最好的老师。身为主管，我们最多只能当助教，和同事一起理解失败的根由，为下次成功累积筹码。

《交办的技术》可以说是一本专业经理人的演出手册，它告诉这群已经取得入场券的人，如何在格局与人心之间，展现自己最得意的姿态。

台湾台塑集团台塑网公司能源服务处副处长　黄逸华

自序　带人的诀窍，都在交办技巧里

有些主管，私下常常有这样的心声：

"该如何栽培部属呢？好像都找不到适合的方法。"
"要怎么提升自己的工作技能？"
"工作多到快把自己压垮了。到底该怎么做才能轻松一点？"
"从以前就很想提高工作效率。却忙到不知该从哪里着手。"
"工作忙到连思考自己的兴趣、进修和充实私人生活的时间都没有。"

乍看毫不相关的五个疑问，答案其实只有一个。
那就是：将你的工作"交办给部属"。

只要能顺利将工作交给部属，大部分的烦恼都可以解决。交代工作的方法，不用别人说你应该也很清楚。但不知道为什么，工作就是没办法轻易交给别人。本书就是要分享如何将"无法把工作交给别人"转变为"顺利将工作交办给部属"的方法。

"把工作交办出去"是当主管的人，第一件要学的事。但很多人对这件事都有困扰，甚至还有人私下告诉我，因为他没办法把工作交办出去，所以不想当主管。我想，"无法把工作交办出去"的人主要是在担心："他做得没我好，我事后还要重做一次，不如从一开始就自己做。"

这正是主管的盲点所在。把工作交出去的关键技巧，不是等到你认为对方有能力才交给他，而是"就算对方可能做不到，也要硬塞给他"。

也许有人会认为,"把工作硬塞给部属"有点夸张,甚至有点不合理。但事实上,这就是工作的价值。做生意原本就伴随着一定的风险。在商场上,没有零风险的商机。把工作交代给部属,也是一样的道理。

部属的经验与素养一定不如主管,所以,主管授权给部属本来就有风险。主管应该要思考的是,要如何把风险降到最低、受损时间控制到最短,这样就可以了。因此,主管应先找到把工作交出去的方法,然后再设法降低风险。但究竟要怎么做?本书分享了相关的具体方式。

将工作交办给部属,能达成所谓的双赢局面。上司能提升工作效率,部属也有成长机会。对所有需要带人的主管来说,这是深具魅力的一种工作挑战,值得所有主管勇敢尝试。不,应该说是非试不可。

希望本书能帮助你体会到"交办工作"的艺术,让你和部属都能同时提升职场的工作能力。

目 录

序一　我的长期困惑，终于得到了解答…………………蔡定遂　1
序二　颠覆一般经验的洞见……………………………张晏源　4
序三　技巧知人心，交办见格局…………………………黄逸华　6
自序　带人的诀窍，都在交办技巧里……………………………8

引　言　当主管第一件要学的事……………………………………1
　01　放手让他做，他就会成材　3
　　　我曾经因为"接办工作"而快速成长　3
　　　我现在以"交办工作"来培养人才　4
　02　交办失败，会摧毁一个人　6
　　　我就曾因工作责任过重而崩溃　6
　　　因"给的责任太重"而痛失人才　8
　03　扭转"无法交办"心态的诀窍　10
　　　顺利交办的七个诀窍　11

第 1 章　在做中学，你硬塞给他就对了……………………………15
　01　交办工作，不用等到"对他有信心"　17
　　　无法交办工作，就没资格成为好主管　18

借由交办工作，主管才能提升效率 20

02 成长，都是被逼出来的 21
"逼自己去做"，成长最快 21
遇到困难就躲，就永远不会成材 22

03 你得保障他失败的权利 25
失败，让人心饥渴 25
让他受点挫折，更快独立 26

04 想培养他，就从"分外"的工作开始 29
领导，不需要头衔 30

第2章 硬塞前，先慎选人与事……………………………… 33
01 交付的是"责任"，而不只是"工作" 35
交出工作后，出错也得由他修正 36
切出固定且重复的工作，交出去 36
一边交办，一边开发他的能力 37

02 三种工作，千万别突然硬塞 39
第一种：陌生的工作 39
第二种：非紧急重要事项 40
第三种：指派人力的工作 41

03 任命主管，你得会看人 43
会管理，不一定会领导 43
这样的人，别给他领导工作 44
这样的人，值得提拔为领导人才 45

04 交办，要注意方式 48
交办出去的工作，你不能放任不管 48
完整交办，细心守护 49
两种交办方式，因人而异 49

第3章 交办时，务必说清楚、想明白 …… 53

- 01 自愿，是交办的前提　55
  - 强迫他做，他就会推卸责任　55
  - 即使硬塞，也要让他自己说愿意　56
  - 万一他说"不"……　57

- 02 他有没有个人目标，会影响工作成败　59
  - 帮助他描绘人生目标　60
  - 没有目标，那就先"把眼前的事做得更好"　61

- 03 不合理的工作，交给谁最好？　63
  - 一样交办，员工会有两种反应　63
  - 交给有能力的人，不如交给有互信关系的人　64

- 04 他不是你的复制品，做法不一样也别急　68
  - 成果不要妥协，方法容许差异　68
  - 不能命令也不能提议，那就自言自语吧！　69

第4章 提高要求，让他发挥到极致 …… 73

- 01 不要求，就不叫栽培　75
  - 你不要求，他就会敷衍　76
  - 每一个人都有影响力，好的或是坏的　76
  - 部属的进修与成长，要你来督促　77

- 02 你不推卸责任，他就能学会负责　79
  - 事事怪罪他人的部属无法成长　79
  - 要让部属将矛头指向自身　80
  - 你的言行举止，他有样学样　81

- 03 严格一定要，体恤也不能少　83
  - 要求高，他可能会误解　84
  - 严格要求工作，体恤个人状况　84

04　面向未来，将过去归零　87

　　你在分析失败原因，他只听到责备的声音　87

　　成功也会让人走偏　88

第5章　他做的时候，不随便干预…………………………91

01　用人不疑，疑人不用　93

　　不怀疑，不代表盲目信任　93

　　他出错，你不要忍耐，要宽容　94

02　你强给意见，他就不会思考了　96

　　为了培育部属，有时不得不暂时放下业绩　97

　　一干预就剥夺了他的自主性　98

03　你一催促、建议，他的自主性就会受影响　99

　　被强迫的工作，做不好　99

　　让他当主角，会议中别坐主位　100

　　不能干涉，也不能放任　101

04　想提醒他，这样说有效，那样说就只有反效果　103

　　报告还没交，该怎么提醒？　104

　　要他成长，你就别越级　104

第6章　定期沟通，就一定能保障进度…………………………109

01　每天都要沟通，每周都要沟通　111

　　遇到了问题，他也不会主动找你　111

　　一天一次，一周一次　112

　　工作不能都在"救火"　113

02　支持他，避免盘问他　116

　　盘问会损害部下的自主性　116

　　面谈时，由他主讲和提问　117

　　有人可以放任，有人要多给提示　118

03 你的理解比唠叨好用　120
　　　　你对他表达过关心与理解吗？　121
　　　　一张嘴，两只耳朵　122
　　04 注意，没定期限的事就别想有进度　125
　　　　非紧急重要事项的两个特征　125
　　　　引导他把大任务拆解成小工作　126
　　　　设立"里程碑"　127

第7章　在组织中提升他的作战能力……………………131
　　01 以团队作支援　133
　　　　能力互补，每个人都有发挥空间　134
　　　　平凡的球队，可以打败明星球队　135
　　02 给他武器，让他至少能拿到七十分　138
　　　　剩下的三十分，让他自己动动脑　139
　　　　"简单化"与"专门化"也要同时考虑　139
　　03 打造"全自动"团队　142
　　　　一秒就要让人看懂　143
　　　　第一时间就要更新　144
　　04 同样的话，你说是教训，同事说是分享　146
　　　　上对下的指导，他永远有压力　146
　　　　同事分享，他容易听进去　147
　　　　讲故事，最能营造气氛　148

出版后记…………………………………………………151

引言

当主管第一件要学的事

01　放手让他做，他就会成材

我的工作是组织发展与人事顾问，也有人称我是"培养人才的专家"。

习惯在工作上协助老板培育人才的我，有时也会回顾自己的能力是怎么来的。此时脑海中总会浮现年轻时发生的一件事。

我曾经因为"接办工作"而快速成长

我二十九岁那年，由于人事变动的关系，从企划部的内勤人员转为企业管理顾问。调到新部门的第一天，新主管一看到我就跟我说：

"小仓，来得正好，欢迎你。我现在正要跟刚签约的客户进行第一次会谈，跟我一起去见识见识吧！"

我鼓足气大声回了一声"是"，觉得自己真是幸运，才刚上任，就可以观摩到憧憬已久的专业顾问会谈现场。可惜这份喜悦并没有持续太久，因为接下来我马上就陷入了水深火热之中。

就在搭出租车前往该公司的路上，新主管突然对我说：

"小仓，我们现在要去拜访的公司，就由你来担任他们的顾问。提案书的负责顾问栏写的就是你的名字。工作内容是"设计注重成效的人事制度"，期限是六个月。我已经跟他们社长说过你是个资深顾问，对于人事制度非常了解。接下来就交给你了！"

"什么！"由于事出突然，一时之间我也不知道该怎么回答，当时我连顾问该做什么工作都一无所知。不仅如此，"注重成效的人事制度"该有什么内容、要怎么设计也不清楚，更不用说当时的我，根本就不是什么资深顾问。

出租车抵达那家公司时，我的脑袋仍处于混乱状态。

进了大楼之后，在柜台人员的引导下，我们直接往社长办公室走去。就在此时，我告诉自己，总会有办法的，眼前也只能先蒙混过关了。

六个月之后，我彻底实现了当初的"谎言"，对方丝毫没察觉到我其实是个外行人，而且还是第一次担任人事顾问。因为不管是佯装资深顾问的言谈举止，或是设计人事制度的相关计划，我都顺利完成了。

原来，凡事只要想做就办得到！这次经验，让我快速成长。

我现在以"交办工作"来培养人才

因为这个经验，打从我成为社长的那一刻起，就对"员工必须接办工作，才能成长"这个观念深信不疑，只不过现在我从一个被栽培的部属，成为栽培别人的上司了，我开始通过"交办工作"这个决策来栽培部属。在此介绍一个我们公司成长最显著的主管的案例，供各位参考。

我们公司现任的分公司负责人、领导众多顾问的森下（化名），年仅二十九岁就担任分公司社长一职。大约在两年前，森下还只是个平凡的新生代顾问，而某次际遇，让他获得了戏剧性的重生。但对他来说，可能这次体验就如同自己被推入万丈深谷一般。

那天我对森下说："森下，从今天开始，我没办法去A公司那边了，以后你就一个人去吧。"

"什么？"森下脸上僵掉的表情，我到现在还忘不了。他一句话也说不出口，汗水也不停地沿着脸颊流下来。因为我准备让还无法独当一面的他，自己去拜访客户。

更糟的是，A公司的经营问题堆得跟山一样高，年轻的第二代社长急于改革组织，但身为经营企划成员的营销部长和所长们，根本就无心投入企业改革，还不断传出耳语："实行这种计划根本就是白费力气！"众人毫不避讳地表现出"改革实在做不下去"的态度。

他们当然也不会给外来的经营顾问什么好脸色，甚至频频出现反对声浪："经营顾问算什么，拿了公司那么多钱，那些钱拿来给我们加薪，还比较实际点！"森下为此十分焦急，全然不知如何突破眼前的难关。

这时我就说了："森下，你的诚意受到了考验。"

要提供技术性的建议并不难，但这些建议能否传达到对方心中，取决于企业管理顾问对工作的诚意，而那位企业管理顾问会是谁呢？是主事的年轻顾问森下？还是身为总负责人兼社长的我？

当时我跟森下说："企业管理顾问的本质不是公司与公司间的交际，靠的是个人对个人的信赖，我们并不是在打团体战。森下，现在你决定怎么做？"

这时候，森下终于下定决心。不久之后，他带着几乎快哭出来的表情，向A公司经营企划组的成员喊话：

"我光看你们就有气！你们不了解社长的苦心吗？没听到员工的呐喊吗？我想跟你们一起让这家公司变得更好啊！"

胜负分晓，森下的诚意打动了小组成员，后来他的工作能力也大幅提升。身为上司的我只做了一件事，就是将他推入具有挑战性的环境之中。

02　交办失败，会摧毁一个人

主管只要把所有工作交办给部属，一切就真的能顺利运作了吗？当然，事情也不是这么简单，主管必须慎选交付工作的对象、时机和方式。前面讲了交办成功的案例，接下来为了公平起见，也要介绍几则失败的案例，包括我本身因"工作责任太重"而受挫，以及给部属太大的工作压力而导致部属自信心受挫的反面事例。

我就曾因工作责任过重而崩溃

二十九岁正是我转任企业管理顾问后有所突破、运势绝佳的时期，新人上路就接二连三地开拓许多新客户，工作非常得心应手。

任职半年后，我很快就被升为课长，底下带了六个人，但这次升迁对我来说，却不是件好事。

在短短半年之后，我不但辞掉了课长一职，还得了忧郁症，甚至对工作产生恐惧感。当时我瞒着同事偷偷去看精神科医生，长期接受治疗。后来实在没办法，只好向主管提出请求："对不起！课长的责任对我来说实在太重了，请让我辞掉课长职务吧！"

现在回想起来，当时的失败可说是理所当然。在那个团队中，我是最年轻的成员，部属大多是比我资深的前辈，我却是新官上任得意洋洋，完全不把别人放在眼里，也没考虑过部属的心情和团队的状况，只知道有话直说，做自己想做的事。简单来说，就是完全欠缺领导者的特质。

许多团体中的领导者，大多是因为工作表现优异，而不是由于领导能力优秀才被任命为主管。也就是说，新任主管几乎都缺乏领导经验，所以无论是新手主管本人或提拔他的上司，都应该要有心理准备。如此一来，上司才能够为新手主管提供适当的协助，让新手主管接受相关的教育训练。但遗憾的是，当时的我完全没有做好这些事前准备。

我不知道怎么跟比自己年长又资深的部属相处，结果使双方之间产生了极大的鸿沟；我甚至认为对方既然资深，就应该能做更多的工作，于是把过多的工作分配给部属。

诚然，有时候主管必须要扮黑脸，也要明确地说"不"。可我当时却在最糟的时机，也就是在最后阶段否定了部属的工作成果。这位部属原本以为自己是受到信任的，没想到却遭到这样的对待，自然感到十分惊讶。

我的领导风格就像开车如闪电的不良驾驶，先是把方向盘用力往右转，接着又突然猛力左转，然后一再重复蛇行驾驶。

团队成员当然会对我产生不信任感，而比我资深的同事的质疑眼光，更是令我难受。就这样一天又一天，没多久我就失去了身为主管的自信，也觉得自己无法达成上司的期望。

辞去课长重任后，回到专业顾问的职位上，我再度找回得心应手的自己，并且接二连三地交出漂亮的成绩单。卸下当时还没有能力承担的重责大任，反而让我在职场上重新活了过来。

我比别人幸运的是，虽然一度被击垮，最后仍然重新站了起来。现在想想，以当时的情况，就算直接离职也没什么好奇怪的。人会因为"承担责任"而成长，但也可能会因为"责任太重"而被击垮，这件往事令我感触良多。

因"给的责任太重"而痛失人才

另一个例子,发生在几年前。在森下领导的顾问群中,曾有一位守山部长(化名),年龄大约快四十岁,比现在的森下社会经验还丰富,并且拥有大型咨询公司的实务经验,不但擅长理论上的分析,也深谙抓住人心的谈话技巧,文笔也相当优秀。当时我十分期待他能成为接班人。

守山一开始是担任专业顾问一职,在这个领域里,即使再怎么有经验,上一家公司跟现任公司的做法也不尽相同。当时我先以"工作压力不会太大"的顾问一职让他发挥实力,以取得其他同事的认同,再让他迅速升上管理职。

守山才刚上任就很努力,在公司安静稳重的草食系顾问群中,他仿佛是一位肉食系顾问,为团队注入了满满的活力。此外,他的能力也获得了公司管理层与后辈的认同,没多久就靠实力当上了主管。

然而好景不常,在守山接任部长兼经理的职位之后,原本的活力立刻消失无踪。对工作责任的恐惧与厌恶,使不擅部属管理的他,产生了逃避的心态。

在公司要求他指导及培育部属时,守山经常只是随口答应,并没有达成目标。不仅如此,他也不愿意协助在营运上遇到困难的客户,只是简单地表示:"那是在我就任之前产生的问题,我又不知道事情的经过,还是请小仓先生您直接协助他们吧!"

我只好耐心地向他解释:"管理和培养部属是领导者最重要的工作。我们本来就是培育人才的公司,你身为高层主管,当然不能逃避这项责任。另外,希望你也能对提出问题的客户有所回应。这段期间我也会提供协助,但我无法站在第一线响应客户,因为这么做就等于是我兼任部长的职务了。"

但是,守山一直无法认同公司的做法,从而不自觉地丧失了对工作的热情,从此一蹶不振,只能完成最小限度的工作。在他的领导下,我只看见失去了主管、手足无措的员工。无奈之余,只好撤换守山的部长职位,让他回到原本的顾问一职,因为我不能再继续让员工感到无所适从了。

而守山在这之后更是失去了冲劲,最后终于从公司离职。

以上这两个例子证明,责任给得太重,也会失败。这是在交办时要小心避免的最糟情况之一。

03 扭转"无法交办"心态的诀窍

从前面成功与失败的例子中可以知道，主管如果能拿捏好交办工作的分寸，就能顺利栽培部属。如果主管交办工作的方式不够妥当，部属就会被压垮。

这个结果对主管而言，就像天堂跟地狱的差别，绝不只是十跟五之间的差距，而是十与负十之差，一旦失败，主管得到的会是完全相反的结果，所以主管往往不敢轻易把工作交给部属。

不只如此，主管不敢交付工作的原因多不胜数，要多少有多少，以下列举出几种可能：

- 主管担心工作交办给部属会有问题，最后责任还是落到自己身上。
- 主管担心工作交办出去后，部属的办事效率不佳，拖垮公司整体业绩。
- 主管觉得把工作交办给部属还要一一指导，不如亲自上阵比较快。
- 主管还没有整理好可以教导部属的工作流程。
- 主管觉得自己的表达力不够好，没有自信教好部属。
- 部属不愿意增加工作，有时会拒绝新的责任。
- 主管担心把工作交办给部属，会增加职场压力，使工作气氛低沉。

- 主管担心把工作交办给部属，可能会被怀疑没有在做事。
- 主管习惯了忙碌的充实感，不想轻易交出工作。
- 主管本身是个完美主义者，不容许工作交办之后出现任何差错。
- 主管虽然想将工作交办给部属，却不知道该如何分配与规划。

正因"无法把工作交办给部属"的原因太多，所以明知把工作交办出去，不但能减轻负担，还能栽培部属，主管还是无法轻易授权。

那么，如果以上问题都能得以解决呢？如果所有"无法交办工作"的主管，都能顺利把工作交出去，又会变成什么样子？

如果交付工作不仅仅只是我的个人观念，而能成为职场的普遍共识的话，是否能为企业栽培人才的机制投入一线曙光？这个念头，也是我出版本书的一大动力。

顺利交办的七个诀窍

在职场上，我以人事顾问的身份，至今会谈过的主管已经超过三万人，其中大多数的主管都跟过去的我一样，不擅长把工作交办给部属。

为了能让这样的主管顺利交办工作，我归纳出几个必要的重点，只要能牢记以下几项重点，保证你也能成为"顺利交办工作"、"擅长栽培人才"的主管。

要将工作交办给部属，请记住以下七个诀窍：

一、把工作硬塞给部属

既然决定把工作交给对方，那么就从这一刻"开始"交办吧。但许多主管会觉得"好像还不能把工作交给他……"，因此经常对"开始"的时机有所保留。但如果一直抱持这种想法，不管花上多少时间，都很难有个开端，所以在交办工作时，不必已对部属充满信心。

二、慎选交办给部属的工作

挑选交办给部属的工作是十分重要的，不能因为对部属信心不足，就手下留情，只让部属做些毫无挑战性的工作。伴有一定责任的工作，对部属而言才是适当的挑战。此外，切记不可轻率任命组织的重要领导人员，这一点我会在后续内容中详细说明。

三、切实传达交办工作的讯息

千万不能低头拜托部属接下工作，在职场中，必须让部属自愿去体会工作的辛苦和价值，而第一步是最重要的：主管传达给部属的讯息必须简洁有力、设想周全才行。

四、让部属的工作能力发挥到极致

主管既然把工作交给部属，就必须要求对方达成目标，如果抱有那种"毕竟是我把工作硬塞给他的，就算做不好也是没办法的事"的想法，部属就很难有所成长。不过，在要求的同时，也必须尊重部属的专业能力，如何拿捏两者的分寸是相当重要的。

五、绝不随便出手干预

既然交办工作的目的是为了"栽培人才"，主管就必须忍耐，不能随便出手干预部属的工作进度，因为在主动协助对方工作的那一瞬间，部属就失去了自主性，这会让他放弃思考、放弃责任。身为主管必须忍着不出手，这也是交办工作过程中最重要的一点。

六、定期与部属沟通工作现况

主管在交办工作之后，也不能就这样放着不管，最好能在部属身边提供意见，并不时传达鼓励性的建言，因此定期的面谈是十分有效的。要特别注意的是，面谈时不可过度命令部属，在上下关系的沟通上，这需要十分高明的技巧。

七、创建制度，提供支持

即使有面谈或定期沟通，主管能够提供给部属的协助毕竟有限，为了不让他们赤手空拳地在工作上瞎忙，为他们提供武器并整顿好周遭环境，也是主管的重要工作之一，如此才能够充分激发部属的潜力。

接下来，本书将谈到每个诀窍必备的观念和具体的实践方式。

第1章

在做中学，你硬塞给他就对了

01　交办工作，不用等到"对他有信心"

无法把工作交办给部属的主管，都有一个通病，那就是：唯有在"对部属有信心"时，才会考虑把工作交付出去。正因为有这样的观念，主管才迟迟难以将工作交出去。

此时主管不妨回想一下，以前自己还没升任主管前，是如何被培养起来的。你一开始就能像现在这样完美地处理好工作吗？是因为工作表现完美，当时的主管才把工作交付给你的吗？

绝大多数人的答案应该都是"不"吧！通常的情况不是"对自己已经有信心了"才被主管点名，而是在"还没有自信"时就被委任工作，并且在几次的失败当中有所学习，跌跌撞撞之下总结出成功完成工作的方法。

我母亲生前经常担心我的生活是否正常，即使我已年过四十，她依然经常会问我："你洗澡了没？有多吃青菜吗？出门要穿暖一点。"

在她心目中，我永远像个小学生。

主管与部属之间的关系也十分类似，在主管的心目中，部属就像个孩子一样，永远长不大。部属在新人时期的表现，会强烈地烙印在主管的脑海中。事实上，部属会逐渐成长，主管的工作能力也会慢慢提升，两者之间的差距还是很难缩小，因此部属无论何时看起来都像个孩子。

每个人都不例外，并不是"已经学会了什么"才被赋予责任，而是被赋予责任之后"才学会的"。所以，主管不用等到"对部属有信心"时，才把工作交给他，尽管把工作硬塞给部属吧！

无法交办工作，就没资格成为好主管

无法将工作交付给部属的主管，就必须一手包办部属的工作，于是一年到头累个半死，又奇怪自己的工作为什么总是比别人多。

但是在经营者眼中，这样的主管等于"没做好分内的工作"。简单来说，就是没做好身为主管的工作，而仅仅是剥夺了部属原本该做的工作而已。

这对经营者而言是相当大的损失。主管的薪水比一般员工的薪水高出许多，却去做一般员工等级的工作，员工还乐得轻松，这对企业来说，难道不算是一种损失吗？而且，身为主管却没有尽到分内的职责，这难免会令人感到公司的前途堪虑。

讲白一点，部属的工作就是"赚取今天的工作报酬"，但主管的职责却是"创造与今天不同的未来"。例如使业务流通量标准化并获得改善、订立经营方针并且设法执行、规划未来蓝图以作为部属的工作动力、培育部属、展现不同以往的政策、计划迈进更美好的未来：这些才是主管应该执行的工作内容。

剥夺部属工作的主管，由于得先处理眼前忙碌的杂务，当然完全无暇顾及自己分内的工作。如果之前提到的"身为高薪职员，做的却是一般员工的工作"是看得见的损失，那么"放弃为企业创造不同的未来"，就更是无形的一大损失了。

基于以上两个因素，无法把工作交给部属，也就等于失去成为一位好主管的资格。

确认交办的必要性

以下表单可以帮助主管评估：现在是否有将手头上的工作交办给部属的必要？

回想自己"被交付工作"的体验

问题一：你在职员时期，曾被主管委任过什么重要的工作？
问题二：你被委任那份工作时，能够独立完成的可能性大约有多少？请以百分比来回答。
问题三：你在完成该工作时，是否感到自己的工作能力提升了？

回想自己"没有把工作交付出去"的经验

问题一：请列举出手上即使没有你也能顺利完成的工作（包括在你从旁辅助的前提下）。
问题二：请列举出你过去曾经试图交办给部属、结果还是由自己完成的工作。

思考什么是领导者"分内的工作"

问题一：领导者应该"创造与今天不同的未来"，指的是什么样的工作？请具体举例。
问题二：如果时间充裕，你想执行什么样的工作计划？请具体举例。

借由交办工作，主管才能提升效率

能将工作交给部属，表示主管能依照预定计划履行原本的职责，主管不再为"昨天"和"今天"的大量工作所苦，而能集中精神创造"与今天不同的未来"，同时也意味着主管工作效率的提升。

如果主管的工作能力毫无长进，部属是无法跟着成长的。忙碌于"分内工作"的主管，就是要专注于创造更美好的未来、更理想的环境。如此一来，部属也能在更优质的环境中，逐渐挑战更多不同的工作，不必担心主管会剥夺自己的工作机会。而主管的工作效率也跟着提升，还能适时促进部属的成长。

过去我还不擅长把工作交给部属，以致一年到头忙得不可开交，空有"社长"的名号，实质上却是"顾问部长"兼"营销部长"兼"企划组长"。不对，应该是去掉"长"字的普通职员，这个形容恐怕还比较贴近我当时的情况。

那时候我每天忙于收拾"昨天"的残局和投入"今天"的新工作，就算清楚知道身为社长应该创造"与今天不同的未来"，也没有时间进行规划，因为光是眼前的工作就够我忙的了。

只看重眼前工作的主管，往往只会注意不必要的小细节。当时我拘泥于根本不算什么的小问题，严格地确认并指正部属的工作成果，完全没察觉到这样可能造成的严重损失。

现在我完全不会去在意当时的那些小细节。如果没有放眼于未来的目标，就会不自觉地放大检视很小的问题点。然而，当你着眼于创造更好的未来时，眼前的细枝末节就不再那么恼人了。

02 成长，都是被逼出来的

最近我又开始熬夜了。自从过了四十岁，我就觉得自己不该再过度操劳地工作了，于是我改变了生活习惯，学着放松。但即使如此，我仍然认为，为了最重要的时刻，有时"逼自己去做不想做的事"，是绝对必要的工作方式。

"逼自己去做"，成长最快

回想起来，我在二十五到三十五岁间经常熬夜，总是在公司加班到凌晨两三点。好不容易熬到下班要回家，却又犹豫不已，心想如果回家睡个几小时再来上班，车程往返两小时，好像又太浪费了，于是干脆就在地上铺了厚纸箱，直接睡在办公室里。一个礼拜总有两三天都睡在公司里。

现在想想，我成长显著之时，正好都是在深夜十二点以后的"熬夜工作"中，这是为什么呢？

一般在健身房练举重时，有这样的训练重点：过轻的哑铃不管举几次，都长不了肌肉；如果想锻炼出肌肉，就必须"勉强自己"举起较重的哑铃，最好选择举三十下左右手臂就会微微颤抖的哑铃。

据说举起这样的重量时，肌肉纤维会遭到轻微的破坏，但对重量训练却是件好事：这是为了使肌肉再生，而故意破坏肌肉纤维。之后大约休息个两天，在这段期间摄取的蛋白质，就能再度连接肌肉纤维，长出比之前更为强壮的纤维。这就是所谓的"肌肉再生"训练法。

同样的机制也会对部属的大脑产生影响："勉强"部属去体验新的工作，能够活化对方的大脑组织以及脑细胞。

因此，将工作硬塞给部属，也是主管培育部属的方法之一。

遇到困难就躲，就永远不会成材

一个人如果不强迫自己学习，就无法活化脑细胞，也无法获得工作上的成就感。由于职业的关系，我曾跟不同领域的人讨论过工作上的问题，二十到三十岁的年轻人关心的议题都跟工作的成就感有关。

就有顾客经常这样问我："小仓先生，我现在的工作完全不能给我成就感，我很犹豫该不该换工作，请你给我一些建议好吗？"当我反问对方为什么没有成就感时，通常会得到两大类原因：

第一种原因是"现在的工作不适合我"。例如有营销员说自己不适合做销售。不过，我对这样的说法持保留态度。

第二种原因是"主管跟公司内部的问题"。员工跟主管反映过工作上的问题，却不见任何改善，因此失望地离开了公司。

每当我听到这两种回答时，都会想："在这种状态下，不管换到什么工作，绝对找不到你要的成就感。"

轻松的工作是无法让人获得成就感的。"成就感"是一种必须跨过难关才能发现的价值感，它绝不会出现在困难克服之前。唯有当你突破各种不同障碍时，才能体会到何谓"成就感"，并且真正获得它。但是，前来向我寻求解答的人，几乎都在跨越难关之前，就想着要怎么逃避了。

一个人就算心里有"自己可能不适合做销售"的想法，也要努力做好销售工作，并且取得最好的成绩，接下来才有资格说"自己真的不适合做销售"。

还没跨越困难，就急着找借口逃避而说"自己不适合做销售"的人，不管到哪儿工作都无法获得"成就感"。当然，把自己有志难伸归咎于主管和公司的人也一样。

"勉强自己"去工作，不只可以提升工作能力，更能体验乐在工作的成就感。这跟员工的工作意识和职场心态有关，也是主管必须开发部属的部分。

栽培人才就是要培养部属的能力、引导部属正确的工作意识和职场心态。因此，务必要"勉强部属工作"，而不是把他们关在温室里细心栽培。

勉强部属接下工作，与培养能力、引导正确的工作意识和职场心态有关，这应该不难理解。狮子都会将幼狮推下悬崖，何况是主管对部属。看到这里，会想实行的主管应该不在少数。

不过必须注意的一点是，主管无法强制部属要"勉强自己"，唯有部属自己愿意这么做时才有意义。

我们无法硬逼不渴的动物喝水，就跟"你无法硬逼不想勉强自己努力的部属工作"是一样的道理，这的确不是件简单事。

那么，该怎么做才能让部属感到口渴？要怎么办才能让部属就算勉强自己，也会自发地努力挑战新工作呢？关于这一点，下一节会详细说明。

回想"因勉强自己而使自我得到提升的体验"

一个人会因为暂时"勉强自己去做某件事"而获得成长的机会。你曾给部属这样的机会吗？以下表单可以分析你的相关经验。

回想因"勉强自己去做某件事"而进步的经验

问题一：你在职员时期，曾经因为"勉强自己"做什么而获得进步？

问题二：通过那次的经验，你得到的知识和技术是什么？

问题三：经由上述过程，你有体会到工作的成就感或自我实现感吗？

预测部属的提升空间

问题：在以下表格中填入部属的名字，评估他们在目前的职位上大约发挥了百分之几的工作能力。

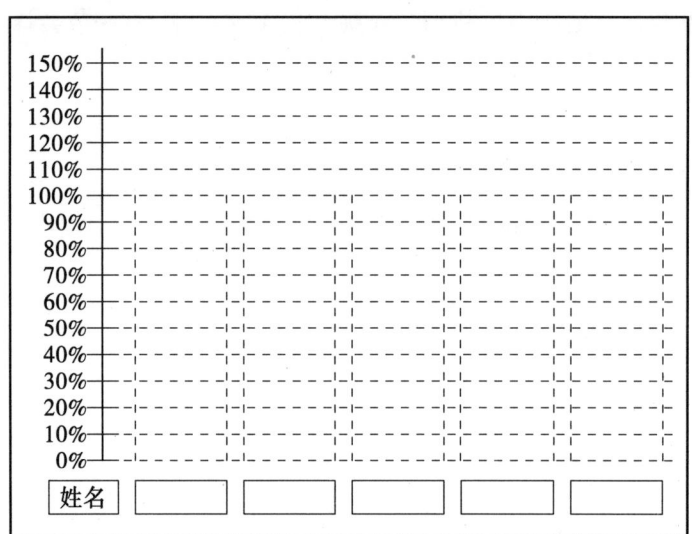

03　你得保障他失败的权利

本书一开始就提到,一个人"被赋予责任"就会成长,为什么呢?

答案当然不只一个,可能是被赋予责任有助于培养部属的自主性、有效提高部属的工作意愿,或让部属感到自己倍受重视等。

失败,让人心饥渴

若要在众多答案中择其一,我最先想到的会是"失败的经验"。因为"被赋予责任"后,才初次体验到"失败",而"失败"会让人学到更多。但"失败"必定伴随着自信心或自尊心受伤,让人打从心里有了"以后再也不要失败"的想法,进而心生"想要做得更好"的意愿。换句话说,失败引起"口渴",会让人想要寻求能使自己更进步的"水"。

之后可能会开始"多方尝试",并且去思考、去组织,最后找到最适合自己的做法,然后大口把找到的方法一饮而尽,让解渴的水流遍全身每个角落,身体也因此牢牢记住这样的过程。

如果以解数学题为例,最学不到东西的方式,就是边看标准答案边做题目,也就是口还不渴就让自己喝水。这种水绝对不会可口,味道也无法留在记忆中,身体也感受不到它的滋味。

所以你必须试着自己解开数学题,不借助他人的力量,并因此经历失败，这样才能引起更强的求知欲。

"失败"会让人产生强烈的口渴感，此时再去喝水，也就是在对照正确解答之后大叫"原来是这样！"的同时，感受到水的甘甜；接着试着不看标准答案，再解一次题目。如此一来才能深刻记住解答的方法，这也正是学习的一大秘诀。

因此，要将部属从"失败"导向"成功"之路，第一步就是把工作硬塞给他。

让他受点挫折，更快独立

正因失败如此重要，主管更不能剥夺部属"失败"的权利。如果过度保护部属，不让对方在工作过程中受挫，等于剥夺了部属应有的"权利"。

小孩子从在山林间奔跑、摔跤、受伤当中，可以学习到很多事物。完全没有同样体验的孩子是很危险的，因为他不懂摔跤时的疼痛和恐惧，也不知道避免摔跤的方法，往后可能一跌倒就突然骨折。这点在工作上也是如此。

主管必须让部属累积失败的经验才行，也就是硬把工作塞给部属。想要栽培部属，就必须从这一点开始着手。

就连刚当上顾问的我，也曾遭遇好几次严重的失败。

工作进度不顺、计划遭反对人士抵制、提出的分析和意见被强烈抨击，遇到这些状况时，身为新人的我往往惊慌失措，也曾试图求助现场的主管。但主管当时明知我正发出求救讯号，却视若无睹。我曾为此偷偷埋怨主管，在孤军奋战的情况下，我只能不顾一切，努力挽回劣势。

当我领悟到不能一味依赖主管之后，我开始学习独自负起责任，因此才能比别人早一步成为专业顾问。

如今我总算了解当时主管的用意，他尊重了我经历失败的权利。其实他要开口救我是很简单的事，但如果这么做，我就无法体验当时的一切，也等于剥夺了我重要的受挫机会。于是我的主管选择了忍耐。所以现在我也应该用同样的方式对待部属，尊重他们失败的权利。

不过，事有轻重缓急，有跌倒的机会固然是好事，但也不能让部属遭到危及性命的重创，此时就必须靠主管适时踩刹车了。就像在驾校一样，练车时为了避免超速，坐在驾驶座旁的教练，脚下通常都装设了紧急刹车踏板，遇到意外时，会由教练踩下刹车。

只是，身为教练必须忍到最后一刻才能踩下刹车，过于频繁踩刹车，反而会妨碍学员的学习。身为主管必须从旁辅导，在真正发生事故前，安静地在旁关注，以保障部属失败的权利。

人会因失败而成长

人会通过失败而学习。你曾给部属体会失败的机会吗？试着回想以前主管让你体验过的案例，找出适用在部属身上的失败经验。

回想"失败的经验"

问题一：你在职员时期，有曾因主管指派工作而遭遇失败的经验吗？

问题二：为了不犯相同的错误，你反复尝试过不同的方法吗？

问题三：经由上述的失败，你获得了什么经验或相关知识、技术？

预测部属更多的可能性

问题：为了让部属成长，你想让他们经历失败以学习的经验或相关知识、技术是什么？另外，将这项工作交给部属的风险有多高？请分别记录在下表中。

姓名	想让他体验的失败	通过失败的经验，希望部属能学习到的经验、知识、技术	风险
	的失败	的 经验 知识 技术	高 中 低
	的失败	的 经验 知识 技术	高 中 低
	的失败	的 经验 知识 技术	高 中 低
	的失败	的 经验 知识 技术	高 中 低

04　想培养他，就从"分外"的工作开始

到目前为止，我在演讲和教育训练课程中，遇到过三万名以上的主管和主管储备干部，他们或多或少都有关于领导方面的问题。令人意外的是，对谈中经常出现这样的心声：

"不在我职务范围内的工作，我实在不想接……"

"小仓先生，我只是个还没升课长的小主任而已，没办法像课长那样承担领导责任。不，我觉得不应该这么做才对，那根本就超出了我的职权。"

这些话乍听之下似乎没什么问题，但我却无法同意，因为其中隐藏着逃避责任的心态。

从我的经验可以简单判断，这样的人就算当上了课长，也不会好好完成课长的工作，因为课长该做的工作，大多远超出公司规定的职务范围。

会如此吹毛求疵、主张既定规则的人，不适合需要自我牺牲和奉献的领导职位。阪急东宝集团（现为阪急阪神东宝集团[①]）创办人小林一三先生有句名言："没钱就什么都做不到的人，就算有钱还是什么都做不到。"

[①] "阪急"为日本著名的企业集团，阪急百货为日本关西最大的百货公司，分店达11家。2006年10月，东宝与阪急、阪神电铁组成阪急阪神东宝集团，旗下有阪急阪神控股、阪急百货、东宝等三个子集团，经营横跨影视、艺术、百货、房地产等行业。

同样的道理，没有课长的职称就什么都做不到的人，就算升上课长还是什么都做不到。

这个时候，就得举一个我曾经就任过的人力资源公司的例子了。

这家人力资源公司的主管，都不是当上主管以后才开始做主管的工作，如果当上主管才开始学当主管，一切就太迟了！许多课长都是在当上课长之前，就网罗许多人才，充分发挥领导能力，最后才当上课长的。

"早就在做课长工作的人，才能真正成为课长。"我认为这才是一个健全组织应有的形式。

"领导能力"不是看头衔或工作权限，而是看领导人对人的影响力以及互信关系。以公司给的权限和预算来影响他人的，只能称做"管理行为"。

将工作"硬塞给部属"时，要求的不是对方的管理行为，而是跟头衔无关、能适时发挥的领导能力。

领导，不需要头衔

许多领导者都曾提出一个问题："小仓先生，话虽如此，但也不能平白把课长的工作交给部属啊！具体来说，该怎么做比较好呢？"答案其实很简单，只要赋予部属非职权上的责任就可以了。

交付非职权的责任也有"非正式承认"的意义，也就是把非职权范围内的工作交办给部属。举例来说，你想让没有法定权限的部属学习"批准决议"的经验，但无法给他"最后批准"的权限，这个时候，你可以先赋予他批准权之前的"决议权"。

我有位客户是个了不起的企业家。他在刚满三十岁时，就被栽培为新生代执行总监，只要是他交出的决议文件，总是轻易获准。他的长官表示："如果这是你想做的，我就信任你。不过别因为这样就乱交报告哦！"

当时他就是被交付了实质的决议权，也等同于社长级的模拟体验。

我任职于人力资源公司期间，虽然不是课长，却被指定要负责人事考核。当时的课长跟我说:"小仓,我其实不太清楚现场的细节,你反而比较了解吧?所以你的考核结果就直接当做同事们第一次的考核成绩吧!不过,记得告诉我你给分数的详细原因。"

于是我就这样模拟体验到主管级工作中最重要的人事考核工作。

当时那家人力资源公司充满了许多不可思议的职称跟代号,其中的"01"可以算是最具代表性的称呼了。

员工代号最前面是"01"号的人,就等于是该部门的领导者,也就是下一任课长候选人。这个传闻不知道是从哪儿来的,令人难辨真假。

对我们这些员工来说,熟知每个部门的"01"是理所当然的事。譬如新宿分公司营销二课的课长是山田先生,"01"则是须藤先生。只不过课长是正式职位,而"01"是非正式职务。换句话说,"01"既没有任何权限,也没有职务上的津贴,却一致被员工当做是第一线的领导者,因此背负了许多责任,不,应该是说,他选择背负了那些责任。

他的工作包括业绩数字的汇报、相关人才的栽培、所有情况的现场处理等,而且拥有员工之间的最高指导权,他几乎能够处理所有课长的工作。

责任虽重,却得不到同等报酬的"01",却以自己的那份责任为荣,不落人后地处理好所有工作,并在现场发挥领导能力。我相信该公司有朝一日也会让那些"早就在做课长工作的01",成为真正的课长。

人是无法在自然的工作环境下进步的,而是被赋予责任之后才会成长,身为领导者应该努力创造出那样的环境,空出非正式的职务,营造出能够"赋予责任"的职场生态。

委任非正式的职务，让他更快进步

人在工作中会追求进步。但是，只交给部属法定职位的工作，对他的成长帮助不大，还需要交办给他属于非正式职务的工作。什么是属于非正式职务的工作？又该交给谁才好？请参考以下表格。

"非正式职务"的例子

	概要
负责人和委员	为了培养新人积极的工作态度，让新人担当基本的责任是有效的。例如早会委员、绩效管理委员、资料管理委员等。
公司教育训练讲师	通过教导别人培养自主性与责任感，同时也可以交流学习他人之所长，在公司内部起到凝聚向心力和完善组织架构的作用。除了业务指导外，电脑相关的技能指导也很容易见到成效。
内部提携制度	由公司资深员工担任辅导者、指导者，为新人提供协助。可组成固定的小组，创立定期交流讨论的制度。
会议工作人员、会议记录人员	依照会议的种类，让新人担任工作人员、会议记录等职务，可适度培养新人的自主性。
企划成员、领导者	选出小组的领导者及成员，负责筹划新事业、开发新商品、设计业务制度等企划案，通过企划活动栽培人才。
候补领导者	无论再怎么小的组织，都要有候补领导者的存在。让候补领导者负责第二领导者的工作。通过不同的工作，栽培他成为下一任领导者。

分配"非正式职务"

问题：为了让部属成长，你想交给他们担任的非正式职务是什么？

名字	打算分配给他的职务	具体工作内容

第 2 章

硬塞前，先慎选人与事

01 交付的是"责任",而不只是"工作"

有一天早上六点半,我为了一周一次的员工会议,提早三十分钟抵达公司。看到营销负责人丸山部长(化名)正在努力地制作会议资料,我对他说:"这不是负责人的工作吧?还有很多工作等着你,这种小事交给你下面的人去做就行啦!"

丸山部长回答说:"我知道复印资料不是负责人该做的工作,不过就算这种工作交给下面的人,最终数字的确认和校对,也没办法交给企划负责人佐藤(化名),交给他处理还是会有一堆错误,最后我还是得从头开始。"

我望向四周,虽然时间还早,但全营销部却只有丸山部长一人,我心中大感不已,我接着告诉他:

"丸山部长,你是不是只把'复印工作'交给佐藤而已?你应该交给他的是这份工作的'责任'才对。如果佐藤必须负起资料正确的'责任',现在他就应该出现在公司才对。他人不在这里,却由你来完成修正资料和影印的工作,表示他只做了部分的'工作',并没有负起这个工作的'责任'。"

丸山部长听了之后回答:"是……的确是这样没错。"

交出工作后，出错也得由他修正

主管将工作交给部属时，经常会犯一个错误：只把"工作"交托出去，而没有把"责任"交给对方。其实这样并不算真正把工作交办给部属，只是由主管承担了"责任"，指示一部分的"工作"给部属而已。这么做部属是不会有进步的，主管本身经常没有察觉到这一点。

人要学着"负责"、"尽责"，才能有所进步。肩负"责任"的多寡会等比例影响部属的成长。所以主管交办的不应只是"工作"，而是"责任"。

切出固定且重复的工作，交出去

以上例子提到的一周一次的会议资料，这种固定且重复的工作，应该一律交由部属处理。而且，不是单纯的"工作内容"，而是"工作责任"。

以刚才举的例子来说，虽然有些麻烦，但身为主管的丸山不能自己动手修正资料。这么做，就不算是部属的责任了，一定要让负责的佐藤自己改正，然后告诉他：

"佐藤，我找到了这份资料三个错误的地方，这本来应该是由你来发现才对，到我这边被抓包，实在有点没面子吧？完成这份资料应该是你的'责任'，请你用心确认过后，再把完整的资料交给我，我会等你。"

就算麻烦也要清楚地告知对方。不能只求一时方便就自行订正资料，然后一言不发地把成品交出去。相反地，你要主动要求佐藤完成自己分内的工作，因为交办给部属不需"负责"的工作，是无法让部属进步的。

只不过，部属也不可能一次就把所有工作都做好，必定会重复几次相同的失误，这也是理所当然的。这种时候不能因为自己看不下去，就出手帮忙，而是要耐着性子，把工作全权交给部属，让他尽到自己的责任，这才叫作培育部属。

最简单的做法，就是把所有固定或重复的工作都交给部属处理。如果不从这点着手，更高阶的工作永远都无法交付出去。

你手边固定重复的工作是什么？找出那样的工作，并尝试交给部属负责吧！

一边交办，一边开发他的能力

前面提到，慎选交办的工作时，可以先从"是否能够胜任"的标准中过滤出"固定或重复的工作"。不过，应该交办给部属的工作，其实不只这些。

无论部属是否能够胜任交办的工作，身为主管必须交给部属的是：能够开发潜能、稳固职场理念的工作责任。

我现在公司的业务是针对客户、管理阶层进行"开发领导力"的教育和顾问咨询。在公司的组织架构中，管理人员的领导力是极度不可或缺的。我们对经营者客户提倡这一点，并且积极将"开发领导力"加入教育和顾问咨询的课程里。

但如果提案的同事不曾有过领导经验，那会怎么样？对客户来说，听起来就完全没有说服力了。

因此，我们公司所有的企划同事和顾问同事都会负责某些领域的职务，好让他们累积领导经验，例如担任"早会负责人"、"业务报表汇总负责人"、"集会负责人"等，并且要求他们彻底扛起个人的"责任"。

譬如聚会负责人应该做的，不只是决定举办聚会的地点、每人必须分摊的金额而已，也必须促进平常没有往来的员工们积极交谈，并留意有无落单的员工，以自然的方式维持良好的聚会气氛。聚会负责人必须负起这些"责任"，否则无法累积领导经验，只成了跑腿结账的普通员工而已。

主管不该以"做得到"或"做不到"来分配工作，应该先评估每个部属适合去体验的责任，再分配每个人的工作。当然，那不能只是一份工作而已，还必须伴随着一定的"责任"，以促进部属的自我成长。

交办工作，更要交出责任

领导都可能会在无意之间背负了所有责任，但如果不能把责任分出去，部属是不会进步的。为了让部属学习负责，请试着卸下肩上的重担吧！

部属手头上工作的责任轻重

问题：你现在交给部属的工作责任有多重？

姓名	目前的工作	大概工作内容		责任在谁身上居多？			
			▶	全在上司	上司居多	部属居多	全在部属
			▶	全在上司	上司居多	部属居多	全在部属
			▶	全在上司	上司居多	部属居多	全在部属
			▶	全在上司	上司居多	部属居多	全在部属

部属手头上工作的责任轻重

问题：你想让部属在哪方面更成长？想把什么样的工作交给他们负责？

姓名	必要的能力与心态		想交办出去的工作	大概的工作内容
	【能力】	▶		
	【理念】			
	【能力】	▶		
	【理念】			
	【能力】	▶		
	【理念】			

02　三种工作，千万别突然硬塞

把工作交给部属处理时，也有几个需要注意的地方，那就是：不能把部属从没体验过的"陌生领域的工作"交给他全权处理。你可能会觉得自己怎么可能把那种工作交出去，然而不自觉犯了这种错误的主管确实不在少数。

第一种：陌生的工作

我们公司就有这么一个例子。公司内部刊物编辑部的同事，突然发了封电子邮件给我："这个礼拜的企划已经完成了，请确认内容后回复邮件。"并随信附上企划书，我当时吓了一跳。

在此之前的相关工作都是通过这位同事的主管，也就是部长直接当面向我报告，并且详细说明当周的企划。在听了报告之后，我可以当场表达意见。

之前的沟通都是这样进行的，为什么现在却是编辑部职员传来一封电子邮件，就直接要求我确认内容？我实在想不通，所以没回信给那名职员，直接拨了通电话给部长，询问到底发生了什么事。

原来部长是要培养编辑。过去都是由部长决定审议内容，现在希望让部属体验"以自己的热忱让企划案通过"的经验。基于这样的心态，部长将报告工作交给了那名职员。这正是刚才所提到的"为了开发潜能、稳固职场心态,把实质工作交办给部属"。到这里为止都是正确的,但是部长的方法却出了差错。

理想的程序应该有三阶段:一开始,部长在跟我沟通时,就应该让那名部属在场,让他体验几次这样的流程;之后改成在部长旁听的状况下,由部属现场报告;最后再让部属独自前来报告。而且,这样的过程是绝对必要的。

对那名职员来说,编辑公司刊物是很熟悉的工作,但"总集结论"这个工作对他来说却是"陌生的领域"。许多主管都忽视了这一点,部属会因此失败也是理所当然。撒手不管并不是栽培部属的好方法,身为主管必须注意到这点。

第二种:非紧急重要事项

同样不可突然交给部属负责的工作还有一种,那就是:"非紧急重要事项"。

所谓的"非紧急重要事项"指的是:虽然期限未定,时间上也不赶,但对公司未来发展十分重要的工作。如"制订营业规章"、"改善工作流程"、"培育人才"、"开发新事业"、"筹备战略方案"等,以及通过这些行动使公司未来更加明朗的"对未来的投资"、"预防问题产生"等工作,均可称为"非紧急重要事项"。

一个部门如果能够一一完成上述的"非紧急重要事项",该部门定能成为常胜军。如果是个人,实践以上"非紧急重要事项",则能拥有幸福的人生。但人们往往都将这些"非紧急重要事项"无限期地往后延,反而被优先级较低的"非重要紧急事项"绊住了人生的脚步。

身为主管的人,是不能将"非紧急重要事项"交办给部属的,例如开发新事业的工作,不能交给部属之后就丢着不管,因为那不是部属该做的,而是主管必须处理的工作。

"非紧急重要事项"经常为企业带来致命性的影响，而且在执行过程中，往往充满了许多不确定的因子。这些对部属来说都是"不知道该从哪里着手"、"总是不知不觉就往后延"的可怕工作，也是在"陌生领域"当中，最困难、最高阶的工作。

正因如此，主管本身必须负起这样的责任才行。就算为了让部属进步，企图助他当上负责人，实质上应该负起责任的人还是主管。

主管应该让部属从有经验的工作开始逐步挑战，才是上策。正确的做法应该是：以主管为领导人，逐步执行"非紧急重要事项"，让部属以支持的方式参与现场事务，并将其中一部分工作交办给他。重复这样的过程，再给部属机会挑战这个"陌生领域"。如果突然将一切交给部属，那一定会失败，毕竟这是重要的"非紧急重要事项"。

第三种：指派人力的工作

"指派人力的工作"和"非紧急重要事项"一样，都属于"陌生领域"里最高阶、最困难的工作。不管再怎么熟悉公司业务，自己处理跟指派别人完成是两回事。只要有别于平常熟悉的工作，对部属来就等于是"陌生领域"的工作，身为主管必须先有这样的认知。

几十年前，我只是对业务熟悉的经营顾问，当时主管交办给我课长级的工作，对我来说就十分棘手。

当时我的主管应该做的是：先派身为部属的我去接触事前的准备工作，例如担任"集会"、"早会"等会议的"负责人"或"工作人员"，有效地让我在"非正式"的职务中累积"指派人力的工作"的经验。

每个知名选手的背后都有位名教练。无论部属是多么优秀的业务员，突然被交付"指派人力的工作"，还是会有很高的失败几率，这一点必须牢记在心。

谨慎评估"不可交办的工作"

虽然将工作交办给部属有助于工作效率的提升,其中还是有三大类工作不能随便交出去,因此应先整理出可以交办的工作内容,再以下列量表进行评估。

"不可交办给部属的工作"量表

以下是评估是否适合把工作交办给部属的表格。其中三个项目只要有一个圈选了"是",就不能把那份工作交给部属负责。如果有这种情形,就在后面列出改变工作范围、改变交办工作的对象等应变对策。

姓名	想交办的工作		陌生领域	非紧急重要事项	指派人力的工作		应变对策
	· · · ·	▶	是 · 不是	是 · 不是	是 · 不是	▶	· · ·
	· · · ·	▶	是 · 不是	是 · 不是	是 · 不是	▶	
	· · · ·	▶	是 · 不是	是 · 不是	是 · 不是	▶	
	· · · ·	▶	是 · 不是	是 · 不是	是 · 不是	▶	

03　任命主管，你得会看人

会管理，不一定会领导

所谓"领导能力"，指的是"将组织引导至特定方向的影响力"，也是"带领身边的人往理想目标前进的行动力"。其中有两项必要的行为，那就是：设定理想并打动部属的心，并让他们有所行动。

另一方面，"管理能力"则代表"通过组织结构和规定，督促秩序以及效率的行为"。相较于领导能力，管理能力显然比较容易养成，因为"管理"可以使用组织结构和规定等辅助工具，确保管理者在某个程度上的影响力。

但比较麻烦的是，身为主管并非只拥有其中一种能力就好。在现代企业中，这两项都是所有主管必备的能力，因此才显得更加困难。

在这个大环境变迁迅速的年代，领导能力十分重要。因此，主管"能否发挥领导力"，是组织里的重大课题。基于这个考虑，以"能否发挥领导力"作为选择领导人的标准，也比较容易成功。

因此接下来就以"领导人"为主题，列举出几个适合及不适合成为领导人的行动特征。

这样的人，别给他领导工作

在此再强调一次，所谓"领导力"就是描绘出理想目标，并带领身边的人往特定方向前进的影响力。简单来说，不擅长这两项能力的人，就不适合担任领导人。这样的人具体特征包括以下几点：

- 对他人情感和内心毫不关心，只想追求合理正确答案的人。
- 跟他人的事情相比，只关心自己应得利益的人。
- 只以短期观察来判断事物得失的人。
- 对别人不愿敞开心胸，经常不知道他在想些什么的人。
- 对别人过度客气，无法明白表达自己要求的人。
- 欠缺临场幽默感的人。
- 不擅长推测他人情绪，不懂得看脸色的人。
- 不考虑他人感受，只是一股脑儿说着自己想说的话的人。
- 对于别人怎么看待自己漠不关心的人。
- 受到过去与现在偏见的束缚，无法推测未来可能性的人。
- 容易只凭个人喜好判断事物的人。
- 对自己要求过低，马上就会自我妥协的人。
- 只会要求他人，自己却不身体力行的人。
- 言行不一的人。
- 经常说谎、蒙混别人的人。
- 喜欢说人坏话，总是对公司有所不满的人。
- 依不同对象随时会改变立场的人，即所谓的墙头草。
- 动不动就想逃避、放弃工作的人。
- 对工作很能掌握要领，却只想以最低限度的努力做出成果的人。
- 明知同事有难还佯装事不关己的人。

这样的人，值得提拔为领导人才

跟刚才举出的特征相反，具有成为领导者资质的人，包括以下的特征：

- 跟合理的正确答案相比，比较在意他人喜怒哀乐的人。
- 跟自己的利益相较之下，会先想到他人利益的人。
- 不光以短期的得失来判断事物，而较注重长期信赖关系的人。
- 愿意对他人敞开心胸、乐于展现自我的人。
- 为了他人着想，就算难以启齿也能清楚地要求对方的人。
- 言行充满幽默感的人。
- 擅长推测他人情绪，懂得看脸色的人。
- 会考虑到他人感受，视情况选话说的人。
- 对于别人怎么看待自己十分敏感的人。
- 不受过去和现在偏见的束缚，善于推测未来可能性的人。
- 懂得排除个人喜好，以客观的立场判断事物的人。
- 对自己有所要求，经常思考是否还有学习空间的人。
- 不过度要求他人，胸襟开阔的人。
- 言行一致的人。
- 不说谎蒙混的人。
- 不喜欢说人坏话，不满嘴抱怨的人。
- 不因对方的态度而改变表现，立场始终一致的人。
- 不逃避困难，会积极面对的人。
- 期望以较高水平达成工作要求的人。
- 知道同事遭遇困难，会马上伸出援手的人。

如何？你身边出现领导者候选人了吗？

小心评选领导者候选人

当工作交办给部属时，选出适当的领导者很重要。判断错误对部属以及组织都会带来负面影响。请参考以下量表，确定目前你认为的领导者候选人是否适任。

领导者候选人量表

在领导者候选人一栏填入部属的名字，按不同的项目评分，并计算出最后总分。可参考总分，选出最适当的领导候选人。

	评分项目
1	相较于合理的正确答案，比较在意他人喜怒哀乐的人。
2	相较于自己的利益，会先想到他人利益的人。
3	不光以短期的得失来判断事物，而较注重长期信赖关系的人。
4	愿意对他人敞开心胸、乐于展现自我的人。
5	为了他人着想，就算难以启齿也能清楚地要求对方的人。
6	言行充满幽默感的人。
7	擅长推测他人情绪，懂得看脸色的人。
8	会考虑到他人感受，视情况选话说的人。
9	对于别人怎么看待自己十分敏感的人。
10	不受过去和现在偏见的束缚，善于推测未来可能性的人。
11	懂得排除个人喜好，以客观的立场判断事物的人。
12	对自己有所要求，经常思考是否还有学习空间的人。
13	不过度要求他人，胸襟开阔的人。
14	言行一致的人。
15	不说谎蒙混的人。
16	不喜欢说人坏话，不满嘴抱怨的人。
17	不因对方的态度而改变表现，立场始终一致的人。
18	不逃避困难，会积极面对的人。
19	期望以较高水平达成工作要求的人。
20	知道同事遭遇困难，会马上伸出援手的人。
	合计

	领导者候选人			
	姓名：	姓名：	姓名：	姓名：
	1・2・3・4・5	1・2・3・4・5	1・2・3・4・5	1・2・3・4・5
	1・2・3・4・5	1・2・3・4・5	1・2・3・4・5	1・2・3・4・5
	1・2・3・4・5	1・2・3・4・5	1・2・3・4・5	1・2・3・4・5
	1・2・3・4・5	1・2・3・4・5	1・2・3・4・5	1・2・3・4・5
	1・2・3・4・5	1・2・3・4・5	1・2・3・4・5	1・2・3・4・5
	1・2・3・4・5	1・2・3・4・5	1・2・3・4・5	1・2・3・4・5
	1・2・3・4・5	1・2・3・4・5	1・2・3・4・5	1・2・3・4・5
	1・2・3・4・5	1・2・3・4・5	1・2・3・4・5	1・2・3・4・5
	1・2・3・4・5	1・2・3・4・5	1・2・3・4・5	1・2・3・4・5
	1・2・3・4・5	1・2・3・4・5	1・2・3・4・5	1・2・3・4・5
	1・2・3・4・5	1・2・3・4・5	1・2・3・4・5	1・2・3・4・5
	1・2・3・4・5	1・2・3・4・5	1・2・3・4・5	1・2・3・4・5
	1・2・3・4・5	1・2・3・4・5	1・2・3・4・5	1・2・3・4・5
	1・2・3・4・5	1・2・3・4・5	1・2・3・4・5	1・2・3・4・5
	1・2・3・4・5	1・2・3・4・5	1・2・3・4・5	1・2・3・4・5
	1・2・3・4・5	1・2・3・4・5	1・2・3・4・5	1・2・3・4・5
		分	分	分	分

04　交办，要注意方式

有一天我工作到一半，忽然想起一件事："预计上个周末完成的下一期经营策略不知道怎么样了？"于是向负责统筹的丸山部长打探了一下，他的回答是："咦？还没有交过去吗？我已经交代桥本（化名）上个礼拜就要交给社长了呀！"

听到丸山部长这么说，我真是无言以对。

交办出去的工作，你不能放任不管

不过我的无言并不是针对桥本，而是桥本的主管丸山部长。他把营销部最重要的计划策略工作丢给部属桥本，完全规避了自己的责任，我会感到惊讶也是理所当然。不过，把"交办工作给部属"跟"放任不管"混为一谈的主管，确实不在少数。

把工作交付出去，是比自己亲自动手做还要困难的事。因为必须持续观察部属的工作状况跟进度，还要耐着性子不随便出手干预。但许多主管却省略了这个环节，不负责任地放任部属自己去执行任务，做不好就归咎于部属。许多主管都会犯下这样的错误。

"交办工作"跟"放任不管"是两回事，"交付责任"是更加辛苦忙碌、更需要忍耐的行为。

完整交办，细心守护

将工作交办给部属的主管，如果能有"在台边注视着孩子的钢琴演出"的心境，是最为理想的。

想象你是一名母亲，有个小学一年级的女儿，今天是女儿重要的钢琴演奏会，现场座无虚席。

一直以来都是你陪着女儿练钢琴，甚至都能直接背出指定曲谱了，也清楚女儿常会出错的地方，以及擅长表现的段落。

终于等到演出这一天，接下来轮到女儿上场了。女儿紧张得全身僵硬，但你却比她还要忐忑不安。

你偷偷躲在舞台旁的布幕后，目不转睛地凝视着女儿的演奏，同时在心里叨念着："一开始是最重要的，我的宝贝能表现得强而有力吗？好！没问题了，嗯，是个不错的开头。

"接下来，就是这个小节！宝贝总是会在这里出错，是最令人担心的地方……应该不要紧吧？加油！好！成功了！这样下去一定没问题！"

这样的心境正是主管"交办工作给部属"应有的模式，也就是在旁细心盯着部属的行动，但绝不随便出手协助，也不多提建议。

相信部属，把工作完整交给他，忐忑不安地在旁默默守护，这就是能够培育部属的授权方式。相反地，给了指示之后，对于结果不闻不问、对于过程也毫不关心的态度，根本不叫"交办工作"，只是"放任部属不管"而已！

两种交办方式，因人而异

现在回想起来，我推断，丸山像是用对待职业教练的方式来交办工作，也就弄错了交办部属工作的原则。

"授权"可以大致分为两种级别：一种是专业级，另一种则是初级。

专业级就好比足球队中的职业教练，全权负责组织团队、研拟比赛策略、辅导队员等所有工作。如果拿不出好成绩，就算在比赛旺季中，也可能被毫不留情地换掉，甚至遭到开除。这对职业教练来说是个无情而残酷的世界，平常可以自由分配工作，但另一方面则要严格要求自己尽到应有的责任。

另一种初级教练就相反了。他无法完全得到授权并负责训练球员的全部过程；他只能提出计划，决定权还是在上级领导者身上。初级教练除了要谨慎确认计划内容并定期报告之外，有时候还会被严格指正，重复相同的过程。除了计划动向，跟其他部门的交流也是由初级教练负责。领导者本身不会站在第一线指挥团队，因此拟定计划以及和外部协调沟通等苦差事，就交给初级教练去执行。

我将这种栽培部属的授权动作称为"初级交办工作方针"，与专业级的交办方式作了严格的区分。

如果你打算栽培部属，就先从初级方针着手，不要一开始就从专业级的开始，那样只会让部属因失败而产生阴影，失去挑战工作的精神。

主管一开始在思考"交办工作"的方法时，不能像对待职业教练那样，最好从对待初级教练开始。

交办工作的两种方式

将工作交办给部属时，可以分成两种方式，主管如果突然像对待职业教练那样交付工作，只会带来不当影响。理想的方式是，慢慢地减少对部属的工作支援，才是上上之策。

专业人才的交办方式

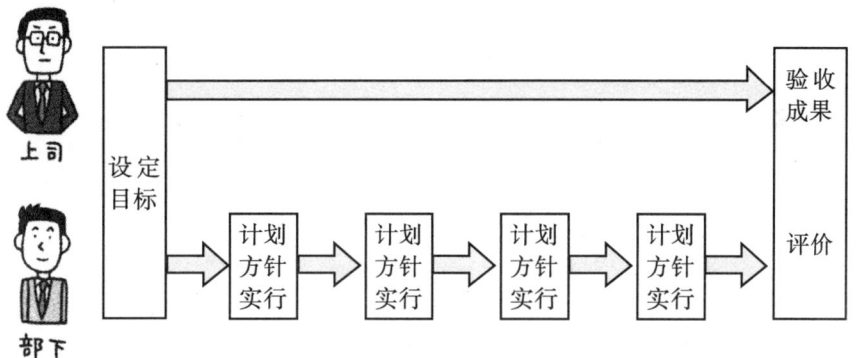

就像足球队中的职业教练，如果拿不出成绩就会被换掉，甚至被开除。

初级人才的交办方式

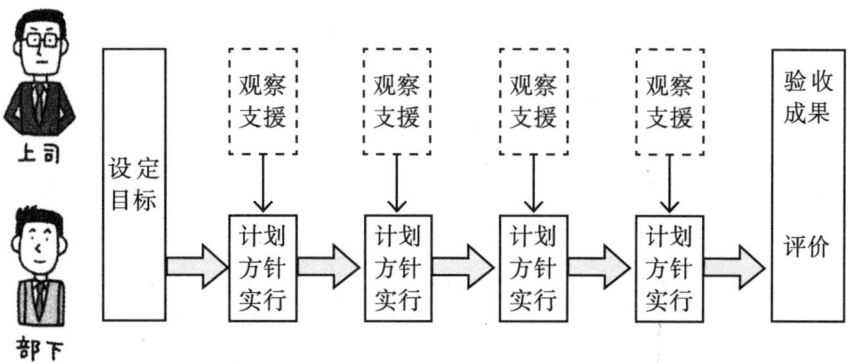

主管会小心确认工作过程和成果，让部属有机会做细部的修正。

第 3 章

交办时,务必说清楚、想明白

01　自愿，是交办的前提

交办工作给部属时，绝对严禁的一点就是："强行说服"不愿意接受的部属勉强接下工作。

"你很适合担任领导者，一定要接下这次的工作，拜托！"

"虽然真的不太想，可是主管都这么说了，我也只好接下来了。"

如果部属是在这种情况下接下工作，就等于确认了双方的失败，接下来必定会产生许多问题。

强迫他做，他就会推卸责任

你的部属在新工作当中面临种种困难，一定会因各方的压力而烦恼。他会发现自己跟真正的领导者有很大的落差，内心可能会产生强烈的疏离感，导致认知无法协调。为了平复这样的心态，部属会选择以下两种行动。

一种是设法努力改变自己，越过眼前的困难。这是将责任的"矛头"指向自己的解决方式。选择这个方式的部属会更进步，正如主管原本所期望的，部属果然因此有所成长。

然而，选择另一种方式的部属，可能走上完全相反的道路，那就是将责任的"矛头"指向主管而怨气冲天："我现在会这么惨都是主管害的！

硬把这种难题丢给我，我才会办不到！主管是加害者，我只是个受害者而已，不是我的错！"这种部属只会把无法完成工作的原因全部推到主管身上，试图寻求心灵的解脱，将自己的行为合理化。

选择将责任的"矛头"指向主管的部属，是不可能进步的，被交办的工作自然很可能因此失败。更糟糕的是，这样的交办方式，造成了主管和部属之间难以抹灭的鸿沟。

"早知道会这样，当初就不该把那个工作交给他……"当主管这样想时，事态多半已经难以挽回。

所以，强行说服部属接下工作，是绝对不可行的办法！

即使硬塞，也要让他自己说愿意

那么，该如何在不勉强部属意愿的情况下，把工作交办给对方呢？答案就是：让部属握有选择权，要不要接下这份工作，由部属自己决定。

因此，必须毫不隐瞒地向部属表明这份工作的困难点。

既然把工作交办出去，自然就会严格要求部属的工作成果，主管只能有限地协助部属。时间上的急迫程度，以及即将承受多大的压力等困难点，都应事先跟部属说明清楚，这样才能让部属知道自己即将面临什么样的障碍。

在清楚传达过这些信息之后，再等待部属的抉择，让他自己决定要不要跨越眼前的障碍。无论接不接受，所有的风险将由部属自己承担。

当然，需要传达的不只是工作的困难点，也包括通过这次工作，部属能够学到的技能与经验、完成任务后的成就感。更重要的是，主管也必须清楚地表达出对部属的期望，只是必须注意，不能讲过了头，变成是在"说服"对方接受任务。

主管只需传达自己对部属的"期待"即可，建议主管可以跟部属这样说："要怎么选择，就让你自己决定了。"

如果能这样做，工作就是部属自己决定的事，就不会再有什么抱怨。

这样可以避免部属将责任的"矛头"指向主管,也能提高部属的意愿,有效提高成功的几率。这比起强行"说服"部属接下工作要好得多。

对主管或部属来说,设法越过眼前的障碍,都是非常重要的一件事。

万一他说"不"……

主管既然表明让部属自己选择,自然也必须有"被部属拒绝"的心理准备。也就是说,务必在事前准备另外的替代方案,以免最后演变成强行说服部属接下工作。

那么,当主管无法交办工作给自己属意的部属时,还能有什么样的选择呢?

一、将工作交办给其他部属。
二、回到原点,工作暂时还是由自己负责。
三、借机会取消这项工作,思考有没有执行的价值。

只是,第三种选择有可行跟不可行之处,因此原则上是先以第一和第二种选择为优先。

把工作交给其他部属负责,比起原本设定的第一人选,其他人选或许没那么理想,这也等于是要交付工作给"不太可靠"的人选,此时主管一定会感到不太放心吧?

不过既然都走到这一步了,也不能轻易回头。为了不让工作再度回到自己身上,主管还是得鼓足勇气选择次要的交办人选。此时,主管就必须提供更多的协助,以确保工作顺利完成。

在寻找这些替代方案时,尽可能提高所有选项的可行性。在有了第二人选的备案之后,才能胸有成竹地对第一人选表示:"接不接受由你来决定,选择权在你手上。"

正确的交办流程图

主管给予部属选择权，跟强行说服对方接下工作，会造成两种截然不同的后果。在传达"交办工作"的信息时，请参照以下的步骤进行。

传达"交办工作"的步骤

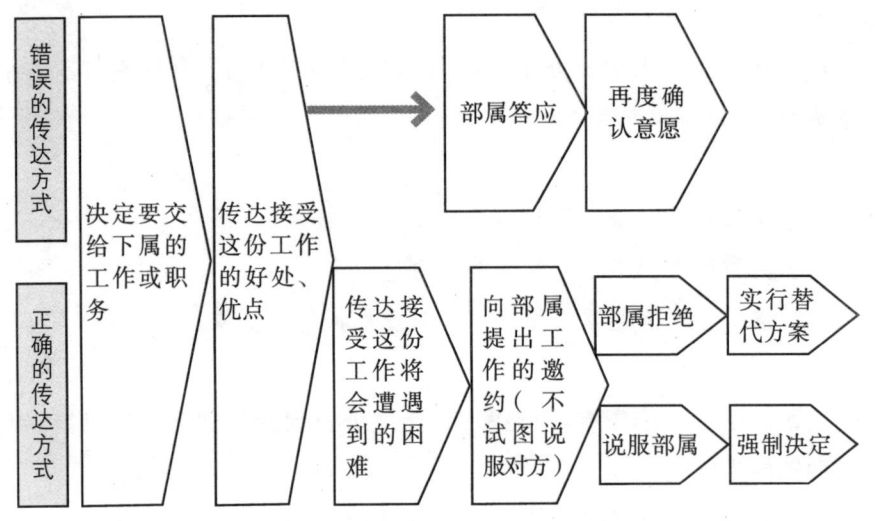

02　他有没有个人目标，会影响工作成败

　　主管在交办工作前，也可以自行研究一下部属接受工作的可能性。一个很好的方法就是：观察部属有没有长期的人生目标。

　　现在我们试着站在部属的立场想想。部属发现主管要交办新的工作，如果接受的话，手头的工作量一定会比现在还多，而且就算接受了也不会马上加薪，从眼前的得失看来，这样的选择一定是"吃亏"的。

　　所以部属可能会这么想："又不会加薪，还是拒绝吧，太麻烦了！"这样的想法，可说是极为普通的判断模式。

　　但是，如果那名部属拥有对未来的梦想呢？譬如未来想独立创业，或想成为名气响亮、甚至足以让其他公司前来挖角的专业人员，如果有这样的梦想，他的价值观一定会因此改变。

　　他可能就会说："为了将来能够独当一面，这次的经验可以作为参考，也为了让自己更进步，请务必让我接手这份工作。"答案可能就会变成这样。

　　你的部属是什么类型的人呢？是只靠眼前得失就判断结果的人，还是拥有人生目标，为了达成梦想、不吝自我投资的人？千万记得，部属的价值观，对交办工作的成功或失败，有决定性的影响。

帮助他描绘人生目标

很多主管都曾有过这样的心声：

"这下糟了！我手下根本没有人对未来怀抱什么梦想啊！"

"我的部属都只会以眼前的得失来判断结果，根本没办法把工作交给他们！"

我想世界上因拥有明确人生目标而工作的人，可能还不到一成。我曾在三万多名主管面前担任演讲主讲人和培训顾问，实际感受到有人生目标的人，大概只有其中的1%~2%。也就是说，主管必须在部属没有明确人生目标的前提下，尝试思考"身为主管该怎么做比较好？"

答案很简单，那就是：帮助部属描绘人生目标。但那可不是眼前工作的目标数据，而是更久的未来。

想成为什么样的人？想要过什么样的人生？这就是每个人必须描绘的未来目标。

跟部属定期面谈是最有效的方法，可以的话，尽量做到一周一次，实在没办法的话，至少也要一个月一次。要提出的问题很简单，例如"你对未来有什么想法？""你想成为什么样的人？"等等。当然，只凭一两次面谈，部属也很难找出答案，顶多只会对未来浮现一些模糊的概念。

不过没关系，就是要这样重复提问。如果出现了答案，或者有了大概的轮廓，就可以进行第二阶段的提问了："如果要实现目标，你认为现在的自己还欠缺什么？"

这个时候，部属应该十之八九会回答"在工作上更加努力"，或是"挑战比现在困难度更高的工作"。

听到这样的回答，主管就可以准备收网了，这个时候可以提出最后一个问题："我想把这份工作交给你，要怎么选择，就看你的决定了，怎么样？"

承接新工作的部属，必须要有所谓的人生目标；而协助部属描绘人生蓝图，则是身为领导者的重要工作之一。

没有目标，那就先"把眼前的事做得更好"

主管实际跟部属谈论人生目标时，往往会发现，许多部属就算被重复问到再多次，依旧找不出自己的人生目标。那是因为他们从小就受到"规矩"的束缚，所以突然被问到"想怎么做"或"想成为什么样的人"时，会感到不知所措。

据说近年来"找不到自己真正想做的事"的年轻人有增加的趋势。面对这样的部属，主管又该如何应对呢？

或许跟之前提到的方法有些矛盾，但我认为此时不用特别勉强部属去找出自己的人生目标，若能顺势引导他将120%的注意力都集中在眼前的工作上，也是一件好事。

在专业理论中有一种说法：未来蓝图并不是按照计划执行出来的，而是缘于偶然间的境遇。但这也是有条件的，那就是将120%的精力都集中在眼前的工作上，不去多想"自己到底适不适合这个工作"的问题。只要专心将工作完成，总有一天属于你的偶然和幸运会因此造访。

阪急东宝集团的创办人小林一三先生就曾说过："如果你被指定去当清洁工，那就想办法把工作做到顶尖，这样有谁还会只把你当清洁工看待呢？"

这话一点也没错！所以不必勉强部属一定要规划出自己的未来，只要教他将专注力放在眼前的工作上即可。有这种心理准备的部属也是十分可靠的。当主管跟他说"决定权在于你"的时候，大多数的人会坦率地回答"我愿意试试看"，毕竟他的目标可是成为"顶尖的清洁工"呢！

协助部属设定人生目标

为了让部属自发性地选择接受工作,主管必须协助部属找出人生目标。一般来说,只有极少数人拥有那样明确的目标,因此主管也必须适度协助部属描绘出自己的人生蓝图。

人生目标量表

每个人都有不同的社会定位,一个人的理想形式就等于个人目标。以下表格有助于筛选出"为了实现目标必须且应该执行"的事,请尽量以日常习惯为依据,具体列出各项重点。

部门	组别	姓名

社会定位	目标(理想形式)	▶	为此应该做些什么
家庭		▶	⋮
公司		▶	⋮
兴趣朋友		▶	⋮
事业梦想		▶	⋮
金钱资产		▶	⋮
健康		▶	⋮
学习进修		▶	⋮

03　不合理的工作，交给谁最好？

主管的工作内容是充满矛盾的。对主管来说，公司如果要求短期业绩，多少就会牺牲长期的组织经营和人才培育。相反地，若以长期目标为主，又会为短期业绩带来不良影响。

同样地，如果顾及部属个人能力的发展，整个部门的效率可能会因此下滑；若以部门为优先，又会对部属的个人发展带来不良影响。在组织当中，像这样相互冲突的情况无所不在。

主管必须认清这样的矛盾，不偏袒任何一方。接受这样的矛盾并设法解决，才是领导者的职责所在。

将主管工作的一部分交办给部属，就等于要求部属寻求这些矛盾的解决方法。这对部属来说，是个前所未有的经验，必定会为他带来相当大的压力。所以对部属来说，被主管交办工作，其实跟"被提出不合理要求"没两样。

因此，主管要把工作交办给部属时，部属心存抗拒是很自然的反应。如果平时上下关系不佳，主管就不能顺利把工作交办出去，身为主管请务必牢记这一点。

一样交办，员工会有两种反应

上下之间平时就应该有充分的信任关系。如果主管跟部属之间并没有建立充分的信任关系，把工作交办下去，只会让部属感到强烈的压力和不满，因而将责任的"矛头"指向上司。

"这个工作就交给你了！虽然有点急，但能不能想办法明天就交给我？"当主管提出这样的不合理要求时，部属可能顿时会怀疑起主管交办工作的公正性。

"今天突然把工作丢下来，就要人家明天交出来？这也太夸张了吧！我还有很多该做的工作，主管到底有没有考虑过我的立场？"部属可能会有这样的感想。

但身为部属，大多数人都不敢把心里的话说出来，可能只会顺从地回答"我知道了"，然后默默地接受交办下来的工作。

但是，如果主管跟部属之间有良好的互信关系，同样的一句话，部属可能有完全不同的解读：

"这样时间根本不够嘛！可是主管把这样的工作交给我，一定也是不得已的。虽然时间真的不太够，我还是努力试试看吧！他不可能交给我绝对办不到的工作。"

同样一句话，因为部属对主管信任度不同，解读的方式也会有所差异。领导者将工作交办给部属之前，必须先跟部属建立起充分互信的关系，否则这项工作是无法顺利进行的，甚至可能因为交办部属这件工作，为整个组织带来负面的影响。

交给有能力的人，不如交给有互信关系的人

那么，主管该如何跟部属建立良好的互信关系呢？要认真谈论这个问题，大概可以再另出一本书了。不过，如果要抛开所有理论，用一句话简单表示，那就是"珍惜自己的部属"，这也是建立信任关系的唯一方法。

把每一位部属当做家人或友人般重视，并且用这样的方式对待所有部属。如果能做到这点，就能加强主管与部属之间的互信关系。

"珍惜自己的部属"说来简单，但实行起来却相当困难。要将非亲非故的部属当做家人或友人般对待，再怎么说都不是件容易的事，但也并非绝对不可能，全日本上下有几千几万名优秀的领导者都做到了这一点。

如果主管跟部属建立了良好的互信关系，就不会出现上述的问题，主管也可以放心把工作交办给部属，工作的成功率将大幅提升，而主管也就能轻易找出适任的人选了。因为，与其将工作交给有能力的部属，不如交给有互信关系的部属，后者还比较容易成功。

当然，身为主管最好的选择，就是与所有部属建立起良好的互信关系。如果无法达到这种境界，就按照现有的信任度，去决定工作适合交给哪一位部属，这是比较保险的做法。主管跟部属之间的信任关系，就是这么重要！

跟许多部属之间有信任关系的主管，就能拥有较多的选择。反之，只与少数部属建立互信关系的主管，交办工作的人选就很有限了。

主管和部属的信任关系，是交办工作时的重要依据。因此，主管平常跟部属之间保持良好的信任关系是很重要的。

诊断你与部属的互信关系

把工作交办给部属，可能为他带来相当大的压力及负担。你和部属之间的互信程度，会影响工作的成效，因此也是分配工作的重要依据。

自我评估：与部属之间的信任关系是否良好

在下一页的最上方填入部属的姓名，借此诊断你与部署的信任关系。信赖度越高，能够交办新工作的可能性也会越高。如果发现你与某人的信赖度较低，可以考虑改变负责工作的人选，或是先修复双方之间的信任关系。

合计分数	与部署的信赖度	能够交办工作的可能性
81~90 分	相当高的互信关系	部属拥有超过 120% 的意愿，根据与你之间的信任关系，甚至能够接受少数"不合理"的工作要求。
63~80 分	不错的互信关系	部属拥有 120% 左右的意愿，根据与你之间的信任关系，能够接受少数"有些勉强"的工作要求。
46~62 分	标准的互信关系	根据与你之间的信任关系，能够接受"合理"的工作要求。
28~45 分	互信关系偏低	部属与你之间的信任关系有些不足，仅能接受少数的工作要求。
18~27 分	互信关系相当低	现阶段要部属能够接受更多新工作是相当困难的。

	评价项目	部属		
1	知道他（她）的家庭状况、兴趣、朋友圈以及未来的梦想。	1·2·3·4·5	1·2·3·4·5	1·2·3·4·5
2	能够尊重他（她）所重视的事物（同上述项目1）并给予适当的认同。	1·2·3·4·5	1·2·3·4·5	1·2·3·4·5
3	能够遵守任何与他（她）之间的不起眼的约定（例如饭局等）。	1·2·3·4·5	1·2·3·4·5	1·2·3·4·5
4	当他（她）主动找你谈话时，会抽空专门聆听。	1·2·3·4·5	1·2·3·4·5	1·2·3·4·5
5	主动向他（她）搭话，每天至少要有一次对话。	1·2·3·4·5	1·2·3·4·5	1·2·3·4·5
6	无条件聆听他（她）想表达的内容，并且不中途插嘴，安静听到最后。	1·2·3·4·5	1·2·3·4·5	1·2·3·4·5
7	要求他（她）做到的事情，自己也能百分之百做到（言行一致）。	1·2·3·4·5	1·2·3·4·5	1·2·3·4·5
8	就算听到关于他（她）的八卦，也绝对不会表现出调侃甚至嘲笑的态度。	1·2·3·4·5	1·2·3·4·5	1·2·3·4·5
9	在他（她）面前不说善意的谎言，或有任何虚伪的表现。	1·2·3·4·5	1·2·3·4·5	1·2·3·4·5
10	当他（她）遭遇困难时，主动提供支援或帮助。	1·2·3·4·5	1·2·3·4·5	1·2·3·4·5
11	不会在他（她）面前自我夸耀，或诉说自己有多么不幸。	1·2·3·4·5	1·2·3·4·5	1·2·3·4·5
12	会考虑他（她）工作的速度以及现有的工作量，不交给他(她)过多的工作责任。	1·2·3·4·5	1·2·3·4·5	1·2·3·4·5
13	当他（她）对工作力不从心时，不是去责怪他（她），而是先反省自己交办工作的判断是否正确。	1·2·3·4·5	1·2·3·4·5	1·2·3·4·5
14	不拘泥在他（她）过往的经历上，以客观立场对待他（她）。	1·2·3·4·5	1·2·3·4·5	1·2·3·4·5
15	把它当做这个团队永远的成员，为他（她）提供工作上的协助。	1·2·3·4·5	1·2·3·4·5	1·2·3·4·5
16	当他（她）情绪低落时，能马上察觉，并以面谈等方式伸出援手。	1·2·3·4·5	1·2·3·4·5	1·2·3·4·5
17	不能只是指责他（她）的缺点，也要找出优点加以表扬称赞。	1·2·3·4·5	1·2·3·4·5	1·2·3·4·5
18	试着站在他（她）的立场思考，询问他（她）的心声。	1·2·3·4·5	1·2·3·4·5	1·2·3·4·5
	合计	分	分	分

04 他不是你的复制品，做法不一样也别急

我们公司的首席顾问近藤，因是下一任的课长人选而备受期待，接手了许多工作。他每天会努力不懈地完成沉重的工作。但是，每当我给他工作上的建议时，不知为何他总会面露难色，最后他终于吐露心声。

事情是这样的，有一天，近藤在会议室对我说："我以为你打算把工作交给我，但事实上我根本就没有完全得到信任，因为你总是要求我按照你的方式执行。我不是你在工作上的复制品，如果你打算把工作交给我，请让我照自己的方式做，否则我必须拒绝这项工作。"

听到这段话，我顿时无言以对，因为近藤说的一点也没错！我当场接受了他的意见，大大改变了交办工作的方式。

嘴上说要把工作交办给部属，却像对待另一个自己似地命令对方。许多主管都跟我一样犯过同样的错误，但这样就不叫把工作交给部属，也无法达成培育人才的目的。既然决定要把工作交给部属，就必须彻底信任对方才行，为此主管其实需要相当大的决心。

成果不要妥协，方法容许差异

既然把工作交办给部属，就表示必须接受与自己有所差异的工作方式。

"如果是我应该会这么做……"

"这种做法之后一定会有问题的,唉,这下可麻烦了……"

就算主管这么想,也不能对部属的做法表示任何异议,因为在培育人才的过程中,也必须让他体验失败才行,这才是真正把工作完全交办给部属。

一个人无论想要得到什么,都难免会失去些什么。

眼前有个装满了糖果的宽口瓶,你把手伸进比手掌大一点的瓶口,想要抓出一些糖果来。如果你太贪心,整手抓满糖果,拳头就会堵住瓶口,整只手就出不来。如果想吃糖,就得放开手中部分的糖果,拳头才能顺利脱离瓶口。

培育人才也是同样的道理,为了达成目的,就不能太贪心。在工作上对目标与结果毫不妥协,但达成目标的过程,也就是完成工作的方法,就充分交给部属去负责。

想要得到什么,必定就有所失去。主管不该在部属身上过度投注自己的期望,要让部属按照自己的方式抵达终点。

不能命令也不能提议,那就自言自语吧!

虽说主管不能干预部属做事的方式,但毕竟还是主管,而且在公司里有丰富的经验和知识,完全无法活用这样的资历也太浪费了。此外,如果主管确定部属的做法百分之百会失败,却只能默默旁观,也不是办法。这种时候身为主管又该怎么做呢?我个人的方法既不是命令,也不是建议,而是对着这位部属自言自语。

我就曾经问过一名部属:"横内(化名),我刚刚看过研讨会的主题了,看完之后有一些感想,我可以自言自语一下吗?"

听到我这么说,横内不禁笑了一下回答:"当然可以啊!请务必让我旁听。"

于是我开始自言自语了起来:"这个主题的命名很容易让人对内容

产生误解，如果我是参加研讨会的人，可能会觉得主题跟内容好像不太一样，如此一来，会失去顾客对我们的信任。如果是我的话，大概会这样选择'培育人才的委任技术研讨会'或是'培育人才的正确授权方式研讨会'之类的主题吧！提出什么样的主题都无妨，只要对方了解就行。主题跟内容不能有太大差异，知道吗？"

横内听了频频点头："谢谢您！我会再好好想想的！"

隔天，横内立刻向我报告了："小仓先生，我决定主题的名称维持不变，不过变更了研讨会的内容，主题跟内容不一致的问题这样就解决了！谢谢您昨天的'自言自语'。"

虽然我的提议没有被采用，但部属接受了我主题与内容不一致的提醒，这点让我很高兴。不是因为我的想法被他接受，而是横内在了解问题之后，用自己的方式解决了眼前的障碍。

如此一来几乎可以确定，横内负责的这个企划将会成功，他本人也会因此前进一大步，这实在令我感到非常欣慰。

主管不能对部属过度投注自己的期望，既然把工作交给部属，就要试着真正信任对方，这样才能对工作产生正面效果，让部属有所进步。因此绝不能把部属当做工作上的复制品使唤。

自我评估你对部属的交办信任度

主管及部属共同讨论决定出工作目标。为了达成目标，把任务交给部属执行是职场的常态。下面的"5W1H"量表，可用来诊断主管把工作交给部属的程度。

信任度量表

选出一名部属，试着回想你交办给他（她）的工作，接着依照部属执行工作的程度来圈选以下项目，以确认你对部属交付工作的信任程度。

部门＿＿＿＿＿＿　　组别＿＿＿＿＿＿　　姓名＿＿＿＿＿＿

执行工作的过程	你对部属的信任度				
When（时间）					
执行任务时，向主管汇报的时间	完全不信任	不太信任	两者皆非	大多信任	完全信任
一天或一周当中，什么时候会执行任务和进行会谈？	完全不信任	不太信任	两者皆非	大多信任	完全信任
Where（地点）					
工作和会谈在什么地方进行？	完全不信任	不太信任	两者皆非	大多信任	完全信任
在哪里设立"里程碑"？	完全不信任	不太信任	两者皆非	大多信任	完全信任
Who（对象）					
团队的人员和职务分配	完全不信任	不太信任	两者皆非	大多信任	完全信任
跟哪些外包业者合作？	完全不信任	不太信任	两者皆非	大多信任	完全信任
What（内容）					
使用的工具、资源和分析手法	完全不信任	不太信任	两者皆非	大多信任	完全信任
对外文书的形式及产出形式	完全不信任	不太信任	两者皆非	大多信任	完全信任
Why（原因）					
任务或职位的意义和目的	完全不信任	不太信任	两者皆非	大多信任	完全信任
为配合目的，哪些决策享有优先权？	完全不信任	不太信任	两者皆非	大多信任	完全信任
How（方法）					
工作方式的安排	完全不信任	不太信任	两者皆非	大多信任	完全信任
对外及对内的比重	完全不信任	不太信任	两者皆非	大多信任	完全信任

第 4 章

提高要求，让他发挥到极致

01　不要求，就不叫栽培

主管为了栽培部属而把工作交付给他，逐渐提升工作难度也就理所当然。如果在这时候手下留情，就等于前功尽弃，交办工作这项举动将变得没有意义。

但是，只交付工作形式却无法要求部属完成工作的主管，也不在少数，很多主管内心都曾经这样交战过：

"实在没办法要求太多吧？给他太大压力也不好，有这样的成绩就不错了……"

"既没有升迁又没有加薪，要他做到这种程度也太苛求了……"

"他目前大概也只能做到这样吧？之后再想办法解决这件工作好了……"

主管可能因为以上原因选择手下留情，或降低对部属的要求标准，但这么做根本就是本末倒置，也谈不上什么栽培部属了。

本书之前提到过，就算举起能轻松做几十下的哑铃，也锻炼不出肌肉。要加强锻炼肌肉，必须勉强自己举起较重的哑铃，大约举二十到三十下，手臂就会微微颤抖的重量。栽培部属也必须要求对方做到这样的极限才行，否则不如一开始就不要把工作交给对方。

你不要求,他就会敷衍

交办工作态度不够彻底,将会对部属产生负面的教育效果,对方会错误解读你降低标准的原因:

"反正随便做做,主管之后也会想办法解决……"

"所以大概做到这样就行了吧……"

为了避免造成这样的反效果,主管必须要求部属百分之百以上的达标率,并且从内心相信这是为了对方好,而毫无顾忌地要求他。

日本经营之神松下幸之助曾经说过:"简单来说,经营的要领就是要求每个人将工作能力发挥到极限。"

每一个人都有影响力,好的或是坏的

领导者交办部属工作是理所当然的,但就算不是主管,只是团队中的成员之一,也不能忽略自己对同事的领导力和影响力。

所谓的"领导能力"就是将组织引导至某一目标方向的影响力,这不只是领导者的工作,也需要团队所有成员给予正面影响。

在此举出一些营销人员的例子。将自己执行成功的企划资料跟同事分享、资深员工主动召开研讨会提携菜鸟员工、在团体会议中积极发言、协助遇到困难的成员,这些都是发挥优秀领导力的例子,就算不是主管,也能为团队带来相当大的贡献。

每个人的存在都会为团队带来正面或负面的影响力,任何人的影响力都不会是零。有一次,会议室里聚集了十五名员工,会议由高桥课长负责主持。发言的只有其中几名资深成员,其他十几个人都一脸疲惫地低着头,看起来几乎快睡着了。这种毫无干劲的部门会议,如果我在现场,一定会出声叫醒那些人:

"大家注意这边!现在我要提出一些问题,如果觉得这些问题符合自己的情况,就请举手。这里所有人都是重要的成员,每个人都会为这个会议带来影响，不只是发言的人，就算不开口说话也会有影响力。"

接着，我会扫视在场所有人，再继续说："那位诚恳地看着这边、还对我频频点头的同事，你为现场带来了良好的影响力，我们需要的就是这种气氛，谢谢你！"

"我想现场不应该有这样的状况。像那种一脸不悦还无聊地打着呵欠的人，也必定会对这个会议带来负面影响，而且这种人可能还没察觉到自己做了什么，以为自己的影响力是零。但事实上没那么单纯，这种人带来的绝对是负面影响力，而不是零。"

现场一片静默，我接着说："任何人的影响力都绝对不会是零，觉得自己发挥了正面影响力的人请举手！觉得自己是负面因子的人请举手！"

这就是领导者的思维模式。如果要提升公司整体的工作效率，就必须从部属平常的绩效开始要求，就算部属只是团队中的一员，也必须发挥个人的领导力和影响力，这也会帮助他进步。

部属的进修与成长，要你来督促

既然要提升个人工作水平，主管就必须要求部属努力追求自我成长。

接受工作的部属，如果还像以前一样不积极进修、不看书、继续维持忙乱的生活步调，想必也很难完成接踵而来的新工作。

如果期待部属提升个人的工作水平，当然也必须要求他多加进修，毕竟要面对崭新的挑战是一件很困难的事。

我们公司为了提升顾问群的素质，设立了读书心得报告的制度：公司每个月会指定一本书，要求员工一个月读完一本，并把书大致分为四大段落，每个礼拜要提出读书心得报告。

你所在的职场需要哪一方面的进修呢？主管不仅得要求工作顺利完成，也必须督促部属发挥领导力，以及积极自我成长，否则部属很难持续达成目标，也无法进步。

激发部属的成长动力

把工作交给部属，主管必须要求的不单是他解决问题的能力，也包括对方是否拥有影响他人的领导力和促进自我成长的相关进修。以下的量表有助于主管制定出部属所需的教育方针。

要求部属发挥领导能力、发展自我成长的意愿量表

选出一名部属，列举出他所负责的工作或职位后，详细写出完成工作所需要的领导力、能力开发及自我成长项目。

姓名	手头上的工作或职务	所需要的领导能力		需要的能力开发、自我成长项目
		主要对象是谁？	该如何影响对方？	

02　你不推卸责任，他就能学会负责

一如先前所提及的，主管把本该由自己负责的工作交给部属，会让部属感受到莫大的压力；万一挑战超出自己能力的工作却不幸无法达成时，更会令部属感到焦躁不安。

事事怪罪他人的部属无法成长

前面的章节也曾说明，为了消除这种焦躁不安的情绪，部属通常有两种选择：一种是把矛头指向自己，认为原因出在自己身上，只要改变自己就可以解决问题。选择这种方式的部属会慢慢进步，让主管觉得值得将工作托付给他。

但是，如果部属选择的是另一种方式，结果就不太妙了，他会把问题的矛头指向他人：

"没办法达成目标，也是大环境不景气嘛！"

"没办法如期交出成果，是因为我负担的工作太多了。"

这种人只会把所有问题都怪罪到他人身上，合理化自己的行为，认为自己没有错，错的全是别人，用许多借口保护自己。

可以想见，这类型的部属很难有所进步，因为他觉得自己没有改变的必要，自己会失败全都是别人的错。

把工作交办给部属，原本是为了让他有所进步，这么一来却造成了反效果。那是在工作压力下，部属把责任"推给别人"所造成的结果，身为主管必须阻止这种错误的想法。因此，不光是把责任丢给部属就好，教导对方"必须自己负起责任"，也是教育过程中相当重要的一环。

要让部属将矛头指向自身

那么，究竟要怎么做才能让部属真正地负起责任呢？

这实在不是个简单的问题，但也不是不可能达成。虽然没有一招见效的方法，但可以从小地方一步步慢慢着手。

我归纳出"让部属自己承担责任的方法"如下：

- 主管本身懂得自己负起责任，不随便批评其他主管或部属。
- 主管不以上下关系强迫部属接受工作，而是重视对方的个人意愿。
- 主管平常就建立好与部属间的互信关系，因为一个人就算遭遇失败，也很难怪罪到自己信任的人身上。
- 设法让部属累积许多成功的小经验，以培养他的自信心。攻击别人常是为了保护自己，部属有可能因为不够有自信，才会把矛头转向别人。
- 告诉部属人生是可以掌握在自己手中的，把错误怪到别人身上，等于是不战而败的行为，这样做虽然可以获得一时的解脱，但长远看来，只会让自己陷入更加痛苦的深渊。

栽培部属的方式不能一成不变，在交办工作的同时，必须确认部属"不会逃避工作责任"。以上提到的每一项引导方法都有关联，只要善用这些方法，就能够顺利以工作来栽培部属。

你的言行举止，他有样学样

由于工作的关系，我曾经数度担任经营顾问研讨会的主讲人。通常我会视"自我负责"为领导者的必要条件，并且强调这一点。

有一天，我同样谈到这个话题，会场中有位听众举起手来：

"小仓先生，你所说的'让自己负责'这点，正是我平常时刻叮嘱自己做到的原则。虽然我认为要对自己的工作负责，但是我底下的人却完全不这样想，让我很伤脑筋。他们全都把问题怪到公司、主管、经济不景气头上，一副置身事外的样子。像这种情况，要如何让他们学会'让自己负责'呢？"

听到他这么说，我差点当场笑出来，因为这位听众正在"把责任推到他人身上"：问题不在自己，都是部属的错。

有这样的主管，部属遇到问题会置身事外也是理所当然。主管的言行是部属的一面镜子，因此主管不能对部属要求自己也做不到的事。

这位听众应该做的是：试着先"让自己负责"，不把问题归到部属和公司头上，思考自己能为部属做些什么，并且集中全部心思解决这件事情。

前面曾提到"让部属学习自我负责"的几个方法，而第一点就是"主管本身要懂得自我负责"，以成为部属的"榜样"。否则不管用任何方法，也难以改善部属的问题，身为主管必须谨记这一点。

让部属学习承担责任

部属要在工作中进步,就必须懂得自己负责。反省失败的原因,改变自己的心态,才是"自我负责"的表现。

主管选择引导方式量表

选择对每一位部属有效的引导模式,在空格中打钩(可复选)。检讨可行的做法之后,将具体行动记录在"具体做法"一栏中,一一找出每位部属适合的方式。

姓名	有效的引导模式						具体做法
	主管本身做好榜样	重视部属的个人意愿	建立良好的互信关系	设法让部属累积成功的经验	告诉部属"要自我负责"	▶	
						▶	
						▶	
						▶	
						▶	

03　严格一定要，体恤也不能少

日本职业棒球坛上的神话人物落合博满，在担任教练的七年间，带领中日龙队获得三次冠军、三次亚军、一次季军，并获得正力松太郎奖①。落合教练特殊的领导方式以及对媒体的直接言论，使得他经常被当成怪人看待。但我个人认为，他在凝聚人心上有许多值得学习之处。

在此介绍一段他和选手间有名的小插曲。某位选手因为出赛时接不到滚地球，而感到十分沮丧。遇到这种情况，一般教练都会直接斥责选手的过失，但落合教练却完全没有责备他，只是当众表示："如果连那个人都接不到球，其他人也别想接到了。"

据说不管在什么时候，他都不会当众批评自己队里的选手。

当球队赢球时，他会说："这全都是球员的功劳，尽量夸奖他们吧，我什么也没做。"

当球队输球时，在媒体面前，他则会说："没办法让这么拼命的球员们获得胜利，全都是我这个教练的错！"

与那些不够尊重球员、像是在照顾小鬼们的大牌总教练不同，落合

---

① 此奖始于1977年，是为纪念已故的日本职业棒球之父正力松太郎（原《读卖新闻》董事长）对职业棒球的贡献而设立，每年会颁奖给该年度对职业棒球发展最具贡献的教练或选手。得奖者还可获得《读卖新闻》和日本电视台共同提供的五百万日元奖金，被视为日本棒球界最高荣誉奖。

教练从未对自己的球员表现出高傲的态度，而是对他们的专业表示敬重。追随落合这样的教练，球员们在比赛时才能发挥实力，让中日龙球队蜕变为职业棒球常胜军。

在这个例子里有一个重要的启示：主管对部属寄予厚望，是正确领导的重要指标。但是，要小心一个常犯的错误。

要求高，他可能会误解

我曾经满腔怒气地训斥部属道："连这点小事都办不好，我怎么敢把工作交给你负责？效率实在太差了！"

接着要求部属："再从头做一次！这次所有的会议我都要参加。早会的报告方式需要改变，报告的格式也要重新整理过，之后要好好按照我的指示做！"

只见部属带着一副不甘愿的表情，有气无力地挤出一声："知道了。"

在那之后，我收回了交付给那位部属的工作，于是整个团队气氛持续低迷，那位部属也因此一蹶不振，最后离开了公司。

当时的我，无论是工作经验、知识还是技术，确实都比部属来得丰富许多。可是，我虽然交付了工作，却没有适当尊重他们的专业。只要无法达到我的期望的部属，都会被我厉声指责批评，就跟训斥没接到滚地球的球员一样。

这种方式部属当然会受不了，也无法有所进步，这全是当初我不懂得如何对待部属所导致的后果。

所谓的交办工作，并不是把部属当做另一个自己来使唤，而必须从尊重部属的专业做起。如果省略这个步骤，只知道指示或下令，原本部属可能完成的工作，或许就变成办不到了。

严格要求工作，体恤个人状况

那么，落合教练的做法是完全让球员拥有自主权吗？其实也并非如此。在此容我引述几段落合教练曾在演讲里说过的话吧！

- "担心选手"是最糟糕的教练才会做的事。平常当然要对选手表示"关心"，也要顾及他们的"自尊"，但是我从来不会去"担心"他们。
- 只用状况好的选手。例如一军的固定先发球员如果身体状况不好，我会毫不犹豫地将他暂时降为二军。相反地，只要是状况良好的选手，就算是新人，我也会把他升到一军的位置。
- 我还是个评论家时，曾经参加过十二个球队的集训，当时我心想"原来职棒球队并不怎么练习的啊"，其中认真练习的，大概只有王贞治教练的大荣队而已。
- 在集训中训练球员时，我曾经有三次怀疑他们会不会哪一天体力透支、被我害死，因为球员的体力一直硬撑在随时要虚脱的状态。于是我跟球员们说："如果觉得自己快不行了，要记得自己喊停！"不过，我的球员在集训中，一律全程坚持到最后。

（2008年1月25日落合博满个人专题演讲，于町田市民体育馆。）

以上就是落合教练的领导方针：尊重选手的专业，但也毫不犹豫地执行身为教练该做的工作，并且要求球员随时保持最佳状态。

"要求球员随时保持最佳状态＝严格""尊重球员的专业＝体恤"，落合教练的领导方针是两者并重，如果偏重其中任何一方，肯定无法栽培出优秀的球员。当主管对部属有所期望时，这样的领导风格相当值得参考。

爱与纪律缺一不可

落合教练任职期间获得三次冠军、三次亚军、一次季军等种种惊人成绩。比起名留青史的球员,名教练应该更为稀有吧!以下的评估有助于我们向他学习"严格"与"体恤"并重的领导方式。

落合教练的"严格"和"体恤"量表

落合教练的带人原则强调严格要求表现,但同时体恤部属个别情况。你可以参考落合教练的领导模式,评估自己在这两方面的表现。

体恤	部属犯错时不加以斥责,而是默默守护。	是	否
体恤	达成目标时不邀功,一切归功于部属。	是	否
体恤	无法达成目标时不责怪部属,而表明是自己的责任。	是	否
严格	平常会关心部属,但是不会担心他们的工作能力。	是	否
严格	不过度考量部属的资历及实际成绩,贯彻实力主义,做到人尽其才。	是	否
严格	要求部属将工作能力发挥到极限。	是	否

04 面向未来，将过去归零

希望部属有所进步，于是毫不妥协地提出有难度的要求，这是我一直以来对部属的领导模式。但在听到一句话之后，我才察觉到原来自己长久以来犯了很严重的错误，因此受到相当大的冲击。对我影响深远的那句话就是：

"你无法改变过去和他人，但你能够改变未来和自己。"

由于我对部属的期望过高，执着在他们过去的工作表现上，并试图要他们改变自己的工作方式。但这样的行为与那句话恰恰相反，我专注的不是"未来"而是"过去"，想改变的不是"自己"而是"他人"。

在那之后，我不再执着于工作的结果，也不再被已经发生的事情牵绊住，只把注意力集中在接下来自己该怎么做。光是像这样改变想法，心态就变得轻松许多，相信部属也因此大大松了口气。

人的志向不是在过去，而是在未来。别再分析已经过去的失败，而是集中全力，思考之后要怎么做才会更顺利，这对领导者来说是十分重要的。

你在分析失败原因，他只听到责备的声音

我的意思不是说完全不要回首过去，"自我反省"也很重要，人必须面对失败的事实，才能够有所成长。

"部属还有哪里需要加强？""以前的经验在未来派得上用场吗？"这些都是要跟部属当面讨论的问题。但这个过程不能拖得太久，以免部属因过去的错误而使未来受阻。

但以前的我净做些与上述情形相反的事，我会因为部属过去的失败而责备他很久："为什么会那样做？为什么当初不能再努力一点？"这样的问题，部属当然无法回答，只能脸色铁青地默默低着头。

这些话听起来，好像是在分析过去失败的原因，但就算这些句子都只是些疑问句，部属接收到的信息可能完全不同，他或许只会产生"主管在责备我……""主管在追究责任……"之类的感觉。

现在回想起来，我发现当时自己的确是在责备部属，而且是在不自觉的情况下发生的。

"我是为了他的将来着想，才会去分析以前的事实。"这种说法根本就是借口，只是把自己不满的情绪发泄在部属身上罢了。

现在我的做法完全改变了。与部属对话时，只会提到一点以前的事，事情既然已经过去了，就没什么好追究的，就算没达成目标又有什么关系？只要不放弃，再从头挑战一次就行了。

"好，现在让我们一起想想接下来该怎么做吧！"现在我会改用这样的话来鼓励部属。

交付给部属难度高的工作，要达成目标本来就不简单，但目标还没有达成，就一蹶不振的部属也不在少数，此时主管应该如何对待部属呢？身为主管还是得先确立自己的领导风范才行。

成功也会让人走偏

放下过去迈向未来，这不只是在未达成目标时才能成立的一句话；当你漂亮地达成目标时，放下过去、向新的目标前进更加重要。

主管把工作交办给部属之后，也不能过度放任部属。要适度尊重部属的自主性，并在对方需要的时候提供支持，但我就曾经忽略了这一点。

以前在我公司里，有位领导营销部的主管，曾经连续两次带领营销部达成目标。我十分认同这位主管的工作态度，并让他充分自由发挥，心想这样下去应该没问题，因此停掉了原本一周一次的面谈。

但这个决定是我最大的错误。之后这位主管的领导作风越来越偏激，不断采取违背公司方针的行动，几乎是为达目的不择手段，只想着要如何提升业绩，甚至不再发挥原有的领导能力，也不在意是否能成为部属的榜样，就如同断了线的风筝，越飞越远。

当时我不该给他过度的自由。我有义务让他明白，当他达成目标时，应该学习放下过去的荣耀，并设定更上一层楼的目标才对。而那目标不能只是业绩的提升，还要包括领导能力的发挥、持续自我进修等。我身为他的上司，理应坚持要求他达成这些不同领域的目标。

一个人在达成目标后，更应该放下过去，并设定更远程的目标，因为人的成长是没有界限的。主管如果放弃要求部属，就等于剥夺了部属成长的空间。直到那时我才察觉到，为了在工作中持续栽培部属，为部属设定远程的目标才是最重要的。

放下过去，看未来

不论目标是否达成，都应该避免受到过失去失败经验的束缚，而要将眼光放在长远的未来。以下用图表来比较"背负过去的沉重包袱（错误的反省程序）"，以及"不受限于过去（正确的反省程序）"两者的差异。

尝试放下过去的自我反省程序

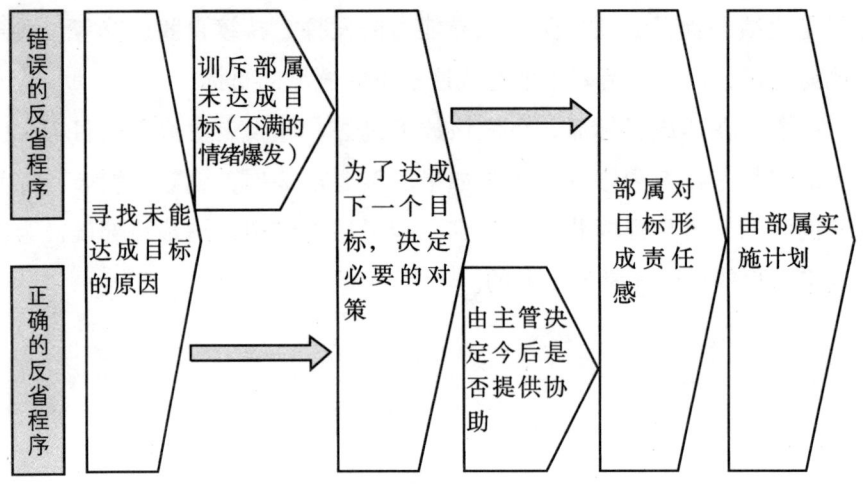

第5章 他做的时候,不随便干预

01 用人不疑，疑人不用

有句话说"用人不疑，疑人不用"，意思是："既然用了这个人，就不要怀疑他；如果觉得可疑，就不要用这个人。"这句话适用于主管表态相信部属时，或主管嘴上说"这工作就交给你了"，却不够信赖部属，频频心生怀疑时。

如果用这句话比喻上司与部属之间的关系，也可以说成"既然把工作交办给他，就不要怀疑；不要把工作交给你无法信任的部属"。

这点跟本书再三主张的做法极为相近，所谓的"交付工作"也就是要认同对方"与自己不同的做法"，给部属"失败的权利"。

不怀疑，不代表盲目信任

"不怀疑"这三个字从字面上看起来，是十分美好的理想。"既然交给他了，就要相信到底"，这是多么美好的师徒之情。但曾经有人告诉我：事实并非完全如此。

我敬佩的名作家兼经营者，SoftBrain的创立者宋文洲[①]先生，在电子

[①] 宋文洲是日本第一个以外籍人士身份创立上市企业的商业奇才。他是20世纪80年代留学日本的中国留学生。博士毕业之后，设计出土木结构分析软件，该软件广泛应用于全球多项大型工程，其中包括中国大陆的长江三峡工程。2000年，宋文洲创办的SoftBrain公司在东京证券市场上市。宋文洲曾获得日本"青年企业家大奖"。此外，他也出版了二十余部经营管理著作，为多家报刊撰写专栏。

杂志中就曾提及这一点，以下就让我引用宋先生的文章，向各位详加介绍。

> 曹操在战争胜利之际，在收押敌阵的书籍文件中，发现了部属意图投向敌营的信件，但曹操却下令将文件全部烧掉。曹操并不是对部属没有任何怀疑，而是因为有"即使如此，也能原谅对方"的觉悟。
>
> "不怀疑"指的是"即使知道也不放在心上"的一种宽容，代表领导者的胸襟。绝不是不明白事实之下的"性善论"或是"盲目的信任"。
>
> 我曾经访问过一位中国知名房地产公司的董事长，问他对公司内舞弊行为的看法。只有小学毕业的他，笑着回答说：
>
> "我的企业是一棵大树，树上当然会长虫了。爬在外头的虫子我会设法清除掉，但是也有许多虫就隐藏在树洞里。以前，我曾经用许多手段试图彻底除掉躲在洞里的虫子，但结果却连树体本身也变得虚弱了。现在我不会做到那种程度，因为保护大树的健康比清除害虫更加重要。"
>
> 这是学历不高的他，通过辛苦工作所获得的经验谈，令我深深感到信服。我想对公司而言，整体上是有益或是有害，都操之于领导者"宽容"与"放任"的基准界定上。
>
> （宋文洲：《伪领导人2》，2010年8月发表于电子杂志）

他出错，你不要忍耐，要宽容

在下了"一定要把工作交办给部属"的决心之后，我也曾有过那位中国企业董事长的心情，因为在工作上也曾数次遇到过"就算察觉，也不放在心上"的情形。

如同宋先生在文章中所描述的那样，那不单只是"性善论"或是对部属"盲目的信任"，而是比较接近"宽容"的心境。

"再这样照部属的方式进行下去，恐怕会造成几个大问题吧？不过没关系，工作既然交付给他了，就让他全心投入其中吧！"我打从心里这么想，之后就产生更进一步的想法。

"不用过度干涉，不是避免让部属跌倒，而是下定决心看着他跌倒，唯有如此，他才不会再犯相同的错误。尽管让他体会眼前的失败吧！以长期的眼光来看，他能因此获得更珍贵的经验。为了部属的进步，就别放在心上，让他去吧。"

当时的我并未因此而感到焦躁不耐，因为我能充分想象到下一步，也就是"部属经过失败变得更能干"的情景，所以完全不介意他被眼前的困难绊倒、摔惨了的模样，就算那样多少会造成公司的损失，我也不在意。想要得到什么，就必须先学着放下，我想这样的做法，就是这句话的写照。

这样想还能发现另一件事，那就是："不随便干涉部属"的意义。只要严格思考这句话的含义，就一定能发现，这指的其实不是"忍耐"：干涉部属，能够得到眼前的小利益；但不在乎过程，放手让部属去执行，才能获得更加丰硕的果实。

不要把这个过程称为"忍耐"，以"享受"与"不介意"来形容这样的心境，反而更贴切。

主管的目标就是保持"宽容"的心境，塑造自己更大的"肚量"。宋先生在电子杂志中的文章，教会了我这一点。

02　你强给意见，他就不会思考了

有一年，在我公司的人事考核会议上，上演了一出这样的戏码：

公司一位主管强力主张："皆川在工作上比别人认真，都做到那样了，还无法通过考核，他应该也无法接受吧？"其他主管听了，也跟着频频点头。

我一直屏气凝神地听着他们的对话，内心却焦躁得不得了，不断呐喊着："不对吧！这样想也太奇怪了！你们到底在做什么啊？"

然而我前一刻已经三度开口修正他们的决议了，如果再继续表达意见，现场的主管可能会偷偷观察我的脸色，开始挑能让我认同的话说，最后变成按照我的指令行事。

他们一定会想："不管我提出什么样的主张，最后还是由社长来决定，我又没有权力考核部属，干脆请社长直接去栽培他们就好了啊。这样我根本没办法对部属负责嘛！"

为了避免这样的状况发生，我只好耐着性子听完他们的结论。但我当场就下定决心，再也不要出席公司的人事考核会议了。

从此以后，我没有再出席过任何人事考核会议，我决定把判断的责任交给现场的主管，就算对最后的考核结果有意见，最终仍会把决定权交给他们。

虽然我知道，如果是我的话，对部属的考核结果可能大不相同，但我没有权利把自己的想法强加到部属身上。为了不剥夺他们的自主性，对于无法接受的决策，我也会选择忍耐再忍耐。

为了培育部属，有时不得不暂时放下业绩

我经营公司只有一个决心，那就是：就算会造成公司业绩下滑，也要把工作交办给部属。举例来说，我每次以顾问的身份拜访客户时，其中必定有保证能成功签约的基本客户群。想提升业绩的部属就会跑来拜托我："只要社长肯出面帮忙，我们一定能达成目标。我们不会把责任都推给社长，您只要每次来露个面，我们就能跟客户顺利签约了。"

我当然也希望签约成功，但这个时候我绝对不会答应。如果每次都跟部属前往客户的公司，就等于无论发生什么事，责任都会在我身上，这样永远无法栽培部属。

一个人无法通过一成不变的工作获得进步，必须适度承担责任才能有所成长，所以我选择了忍耐，就算损失业绩也要忍耐。你想要得到，就必须先学着放下。

为了栽培自己公司的主管，我决心就算牺牲业绩也要贯彻到底。在不作任何牺牲之下栽培出优秀人才是不可能的，天底下哪有这么便宜的事。

中国有句谚语："给他鱼吃，可让他温饱一天；教他捕鱼，可让他谋生一辈子。"

如果我为了部属的业绩着想，每次都照他的要求去见客户，部属就能借此确保一天的温饱，但这么做无法让他谋生一辈子。部属必须在不借助我的情况下，凭自己的能力跟客户签下合约才行。

这里所谓的"捕鱼"，指的不单是技术层面的东西。像在刚才的例子里，营销员要独立签下顾问合约，除了技术方面要有充足的说服力，还要有解决客户要求的强烈决心。

打从心底思考客户提出的问题，真心想帮对方改变企业组织的架构，就算遭遇反对声浪或阻碍，也要尝试克服困难。如果营销员不具备这样的自主性，就无法达成客户的期望。部属的自主性可说是成功的关键。

一干预就剥夺了他的自主性

另一个人事考核的案例也是如此，考核的结果不可能让所有人都欣然接受，一定会有人对决策和结果有所不满。但身为主管不能在这一点有所动摇，必须对自己下的结论负起责任，设法让部属接受你的决定才行。这里要求的就不是技术方面的能力，而是坚定的信念和决心。

把工作交办给部属就是这么回事。培养他们的自主性，提高工作热忱，是身为主管最需要重视的观念。因此，为了达成栽培人才的目的，身为主管就必须忍耐，不随便出手干预，以免剥夺了部属的自主性。

最近我经常觉得，主管交办工作时最重要，也是最辛苦的一件事，大概就是"不随便出手干预"这一点了。

将这些对经营来说最重要的事务一一交到部属手上的同时，也会感受到些许的落寞，那是一种无法参与到第一线的孤独感。由于权限的转移，部属逐渐显得生气蓬勃，散发出耀眼的光芒；与他们形成强烈对比的我，因此就会感觉到落寞与孤独。但这样才是我所希望的，因为这就是交办工作的真正意义。

除了无可避免的落寞，我也经常由衷感到高兴，不是因为自己过得充实圆满，而是看到部属为了工作活力十足的模样。

一旦决定栽培部属，主管的价值观就必须有所转变。就算感到落寞或焦躁不已，也要把工作交办下去，身为领导者，这样的心态是绝对必要的。

03　你一催促、建议，他的自主性就会受影响

记得有一次，我交办给部属一件工作，忍着不出手干预，默默观察他所采取的行动。但是这位部属承诺我"这个礼拜一定会完成"的工作，却一直迟迟不见消息。

一天、两天过去了，我却连他会推迟交付案子的通知都没收到，再这样下去会给客户添麻烦，于是我焦急地发了封电子邮件给他：

"那个案子处理得怎么样了？你之前不是答应我上个周末会完成吗？再这样下去会给客户添麻烦的，不好好向人家报告怎么行呢？"

但是，我在发出电子邮件后马上就后悔了，我又沉不住气了……

其实这封信的内容没有任何一句话有错，但我就是不该这么做。因为如此一来，部属就不再是主角了，而身为社长的我，瞬间霸占了主角的位子，部属于是变成只是不时在旁帮忙的配角了。

在"催促"部属的瞬间，我剥夺了他成为主角的权利，对部属来说，这个案子变成了"在社长催促下才进行的工作"，也就是"被强迫进行的工作"。

被强迫的工作，做不好

我记得自己还是学生时，母亲经常这样训斥我："小广！不要只顾

着玩，快去写作业！"

我一定会回答她："我本来就要去写了，你这样说我反而不想写了！"

一个人只要下定决心，很容易就能把想做的事情做好，但却很难因为他人的催促或指示，完成不得不去做的工作。因为在这种情况下，做事的冲劲跟自主性会大幅降低。主管催促部属执行工作，就是最常见的例子。

身为领导者，必须先做好这样的心理准备，然后再跟部属进行沟通，否则难以引导出部属本身的工作意愿。

让他当主角，会议中别坐主位

我们公司每个月都会举办一次公司会议，所有员工要集体审视当月的工作报表，并且确认下个月的共同方针；同时也会表扬当月值得学习的模范员工，并聆听模范员工的经验分享。

这件事是发生在某次公司会议上，当时主管丸山部长十分感动地说："和田成功地完成了这项工作，客户也相当满意，因此接下来即将实行以下的提案……"被表扬的和田则是一脸老实地站在一旁，场面相当盛大。

但当时我心里却想："这下根本是丸山变成了主角。难得和田跟客户之间有那么良好的互动经验，让他自己来发表经过和感想，不是更好吗？"原本应该是和田的分享时间，却只见他的主管丸山独撑全场。

主管不可剥夺部属成为主角的权利。在会议和聚会等场面上，要尽量让部属扮演重要的角色，例如报告成果或发布政策。不能让主管一个人独占这些盛大场面的要角，也要给部属机会尝试,将主角的位子让给他。

顺带一提，在我们公司的会议中，不论是在审视当月报表、确认下个月的方针时，还是在表扬优秀同事、分享工作经验时，身为社长的我都不会发表任何一句话，只是坐在一旁，默默关注会议的进行。

代替我在这盛大场合发言的，是三名年轻的公司职员。他们三人负责现场主持。在这座舞台上，他们就是主角。这对我而言或许多少令人感到落寞，但也是令我十分高兴的事，因为现场的三名员工相当可靠。

最近还有另一件让我更高兴的事。有位课长储备人选代替部长在会议上作重要的报告。报告前当然经过周密的准备跟细心的排演。课长储备人选在报告时，显得十分认真且专注，简洁有力地完成了发言。

当时我看了十分欣慰，心想接下来他们一定会进步得更快。我所说的"他们"，是指被赋予了全新重要工作的下任课长人选，以及有胆识交给部属重要工作的部长。我十分期待他们未来优异的表现。

不能干涉，也不能放任

看到这里的读者们，心中可能会出现这样的疑问："我知道交办工作之后要学习忍耐，不可干涉部属。可是，就这样让部属自由发挥，久了以后会不会变成一种放任？就算再信任部属，他们还是可能会有疏忽的地方，如果完全不过问部属的工作情况，凡事忍着不说，可能会对公司整体造成严重的损害。对于这一点，应该要怎么做比较好呢？"

事实上，在演讲跟出版新书之后，许多读者跟听众也问过我相同的问题。这种时候，我一向都会回答："这不算是放任，像我一定会记得提醒部属：'这样会不会太偷懒了？'或是'照现在这样下去可能会有问题，真的不要紧吗？'不过，说这些话的时候必须小心谨慎。如同我刚才提到的，不能让自己成为主角，并且尽可能将决定权交到部属的手上。这也就表示：绝对不命令对方，也不对他的工作内容有所建议。这时候若想指导部属，最好的方法就是'自言自语'，至于是否要参考你说的话，都由部属自己决定。我一直都是这样做的。"

主管就该像在台边默默注视着孩子的钢琴演出的母亲那样，耐心地等待结果。如果克制不住，冲上前去代替孩子弹奏，一切就前功尽弃了；只需要在表演的前后，稍微给孩子一些建议就好。这就是把工作交办给部属的主管应尽的职责。

不剥夺部属成为主角的机会，并不代表放任他们，如何求得其中的平衡，正是主管应该完成的重要课题之一。

不让部属成为配角的方法

既然把工作交办给部属了,主管就必须把主角的位子让给部属,在旁协助的配角不应该是部属,而是主管。

尝试放下过去的自我反省程序

主管不霸占主角的位子

⬇

让部属当主角

不催促部属

⬇

若无其事地让他自己察觉到进度

不命令也不提议

⬇

试着自言自语

04　想提醒他，这样说有效，那样说就只有反效果

如果会议开到一半，你突然发现某个去过厕所的部属裤子的拉链竟然开着，你会选择用什么方式告诉他？说到提醒，有五种阶段的说法：

第一阶段　事实提示："你拉链忘了拉哦！"
第二阶段　主观提示："你拉链忘了拉哦，也太好笑了吧？"
第三阶段　评价提示："你拉链忘了拉哦，真是不小心。"
第四阶段　建议提示："你拉链忘了拉哦，还是小心点比较好吧？"
第五阶段　命令提示："你拉链忘了拉哦，还不快点拉上！"

提示阶段逐级升高，最后会演变成命令，而剥夺了对方的自主性；相反地，越前面的阶段提示，越接近交由对方判断的中立立场，可避免剥夺对方的自主性。

当我在客户面前提及这样的想法时，某公司的社长立刻有所反应："这根本是在说我嘛！我每次对部属说的都是第五阶段的话，这下我终于知道没办法栽培好人才的原因了！"听了他的话，一旁的员工不禁苦笑。

把工作交办给部属时，为了顾及对方的自主性，选择初步阶段的提示是比较理想的。我通常会停在第一和第二阶段，之后的阶段提示就必

须忍耐了。

如果无论如何都必须以第三、第四阶段来提示部属的话，可以用"自言自语"的方式，接不接受建议的选择权，就在部属身上了。

报告还没交，该怎么提醒？

关于刚才提到的五个阶段，如果举之前"部属推迟交付客户报告"的案例作为例子，应该就会像这样：

第一阶段　事实提示："都过了最后期限了，我还没收到报告。"
第二阶段　主观提示："都过了最后期限了，也让人家等太久了吧？"
第三阶段　评价提示："都过了最后期限了，这样不行吧？"
第四阶段　建议提示："都过了最后期限了，还是说到做到比较好吧？"
第五阶段　命令提示："都过了最后期限了，快点交报告上来！"

同样的道理，此时最好只停留在第一和第二阶段。

身为主管，有必要随时意识到这五个阶段的提示，过程中就算沉不住气，或是出言干涉了也没有关系，主管能对这点有所自觉，才是更重要的。

在知道这五个阶段之前，我连察觉到自己实在沉不住气的自觉都没有。只要有了这样的认识，就是很大的进步了，各位也可以试着从这一步慢慢做起。

忍耐着别过度提示，对引导部属的自主性来说，也是相当有效的方法。

要他成长，你就别越级

为了让部属保有自主性，还有一项重要的注意事项，那就是："禁止越级行为"。这在交给部属领导者的职务时，是非常重要的一点。

所谓的"越级"，指的就是上级越过了应该被交付职权的领导者，直接向他的部属提出命令或指示。例如，虽然部长嘴上说把责任"交付"给课长了，却对课长手下的一般职员发出命令、指示；或者是一般职员的问题和请求决议的事项，由部长直接回答。

"禁止越级行为"是我为了提醒自己发明出的词汇，以禁止自己越过职别和层级指挥部属，这样才能给予交付责任的领导者充分的自主性。

前阵子我出席公司举办的演讲会时，觉得现场的背景音乐听起来很无味，是一首有点忧郁的古典乐曲，现场的气氛好像办丧礼一样，我很犹豫要不要指示员工马上换掉音乐，于是直接询问现场的负责人：

"你们有没有准备其他的背景音乐？"

"没有诶。"负责人如是回答。

"是吗？那没事了。"我淡淡地说。

我没有直接在现场对那位负责人"选择背景音乐"一事提出任何提示，就这样听完了演讲。

但演讲结束后，我立刻打电话给他的主管丸山部长：

"我认为背景音乐的选择也是很重要的。今天演讲会上的音乐，听起来好像在办丧礼一样，你有确认过他们选的背景音乐吗？嗯？没确认到那种程度？这样啊，我觉得背景音乐也该好好确认过才行，以后就拜托你了。"

如果当时我直接要求现场负责人换掉背景音乐，处理的速度必定更快，也更有效率，但如果这么做，这件事就跟他的主管毫不相关了，今后丸山部长恐怕仍然会忽略背景音乐的确认，如此一来，相同的错误只会不断重复而已。

因此，"禁止越级"是很重要的，不是强行命令，而是更根本地要求主管的指导动机。所以就连一些细小的错误，也必须通过主管来修正。因此需要教育的不是演讲会的负责人，而是他的主管，这就是"禁止越级"的重要指导原则。

当然，也会有人提出反对意见："小仓先生，这样工作效率不会变差吗？经营理论也提倡组织的决策应该尽量扁平化。如果这样顾虑层级关系，会不会有降低工作效率的风险？"

我不否认有这样的可能。只是，如果是以栽培主管的方针为优先，那么相较于"组织扁平化"，"禁止越级"的做法是更加重要的。

"组织扁平化"是要等到组织架构已完成、主管们都能顾及工作细部的管理和维护并且能够完全负起责任之后，更加进阶的一种管理方式。在这样的意识还没有深植于部属心中、主管未能完成所有应做的项目时，"禁止越级"是个有效的过程模式。

"禁止越级"以及"五个阶段的提示"，都是主管交付工作给部属时，必须持有的重要观念。

第 5 章 他做的时候，不随便干预

提醒的五个阶段

主管在耐着性子不过度干涉部属时，要注意提醒的五个阶段。为了引导出部属的自主性，经常以这样的想法为基础进行沟通是很重要的。这五个阶段提示足以作为所有对话的基准。

五阶段提醒量表

平常你主要使用哪一个阶段的提醒呢？请回想在你使用各阶段提示的经验中，是对谁、在什么情况下使用的？这可作为日后的参考。

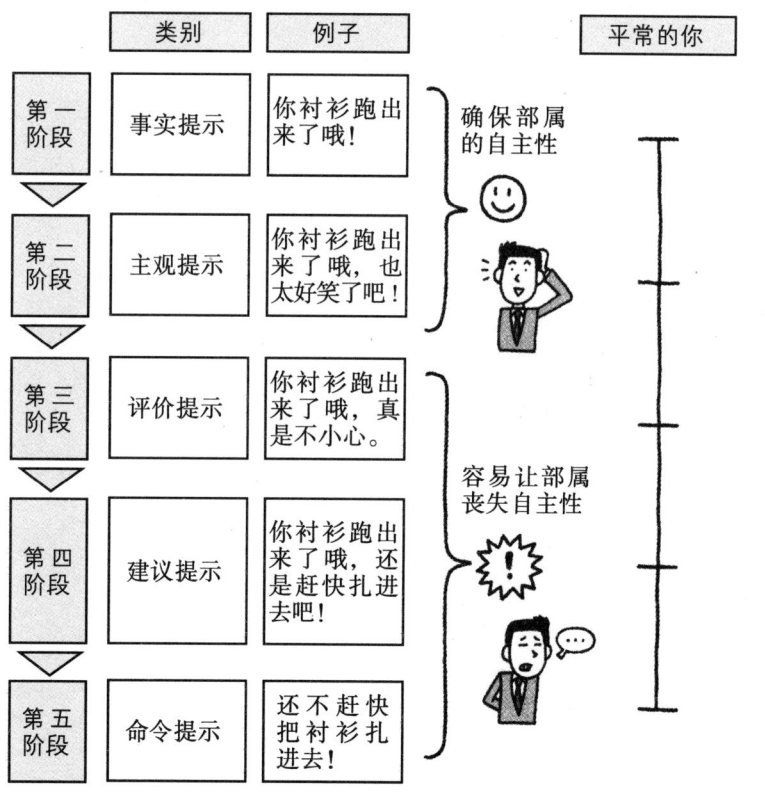

第 6 章

定期沟通，就一定能保障进度

01 每天都要沟通，每周都要沟通

"如果有什么事，记得随时来跟我商量啊！"有一次我这么跟一位部属说。

"知道了！"部属也精神饱满地答道。

但在那之后，部属一次也没来找我讨论过工作内容，当我察觉到这一点时，已经晚了一步。交付给他的工作没有任何进展，时间就这么过去了，工作状况陷入进退两难的困境。

遇到了问题，他也不会主动找你

为什么部属都不喜欢找主管商量呢？原因很简单，因为他不想这么做。

部属不想这么做大致有几个原因：第一，他可能很难向忙碌的主管提出请求。再者，商量工作内容也需要准备，在没有准备的情况下找主管讨论，肯定会挨骂。所以他可能会想，那就等准备好再找主管商量好了。没想到就在欠缺准备资料的情形下，拖过了一个礼拜、两个礼拜……

随着期限越来越近，就更难去找主管讨论了，要把负面情报传达给主管，实在令人感到退缩，这样自己堆积工作的事就会被发现了。"既然如此，就别跟主管多提了吧，想办法自己处理就好！"正因为心里有这样的想法，部属就更难主动找主管商量了。

也就是说，"如果有什么事，记得随时找我商量"这句话是不合逻辑的，部属并不会察觉到，不，就连主管本身也不会察觉到，把工作交给部属处理时，这样说是最危险的沟通模式。

一天一次，一周一次

为了避免这样的问题出现，"定期沟通"是相当有效的做法。我一定会对客户建议"一天一次，一周一次"这个做法。

一天一次，是指提出业务日报与团队成员共享，设法让各部门习惯这样的方式，否则无法了解部属每天在做什么。

对主管而言，既然承诺要"把工作交付给部属"，就不能每天追踪部属的工作动向。一天到晚追问"那件工作现在处理得怎么样了"，就无法做到良性沟通。既不能只等待工作完成，又不能主动追踪进度，这样一来上下关系可能很快就会有问题。

为了不让事态演变至此，只能仰赖定期沟通的模式，因此才需要业务日报的制度。只要员工习惯每天作业务报告，主管就没有必要多加催促。有疑问的部分，只要通过日报稍微向部属确认就好。

此外，适度举行早会、晚会也是个不错的方法，可以在开会时，要求部属报告当天的业务状况，重点在于每天工作进度的共享。这是相当重要的，可以促进部属的工作效率。

而"一周一次"指的是跟每位部属之间的定期面谈，可能的话最好一个人一小时，如果时间上有困难，三十分钟，不，就算是十五分钟也好。尽量每周进行一对一的面谈，不能因为觉得麻烦，就集合几个人同时进行。因为有些话只适合一对一时，才能敞开心胸与主管讨论，也可能是不紧急却十分重要的事。

面谈时所讨论的主题可以相当多元化，基本上可以从已交办工作的PDCA着手。工作的计划（Plan）、执行（Do）、查证（Check）、修正

（Action），除了执行工作，都可以在面谈时进行。

"你下一步打算怎么做？会参考哪些资料？"这个问题可以确认并帮助部属完成计划（Plan）。

"昨天客户那边怎么样？今后需要修正哪一方面的计划？"这样可以延续查证（Check）及修正（Action）的话题，在一周一次的面谈时，确认部属的工作进度。

定期面谈可以为部属的工作过程提供支持和保障，并且提升部属的工作效率。

工作不能都在"救火"

在区别工作项目中相当知名的"紧急 × 重要分类法"，是将紧急、非紧急、重要、不重要的四大项目做工作分类，也是很多人都知道的有效管理时间的方法。

"紧急又重要的事项"指的就是"赚钱"的工作。如果是营销的话，就是拜访客户；内勤的话，就是参加重要会议以及讨论工作事项。这方面的工作会耗费掉一天之中大半的时间，以求获得基本的工作利益。

"非紧急重要事项"指的就是没有期限的工作，例如思考部门内的商品策略、改善并促进工作流程、栽培部属等。我把这些称为"投资与预防活动"。只要能够做到这些事项，公司的未来必定更加光明。虽然这些都是能使未来接近理想目标的关键要素，却经常令人难以着手，这就是"非紧急重要事项"。

相反地，"紧急却不重要的事项"属于"应付"类工作，例如突然打来的电话占用了你的工作时间、多了个预定外的拜访行程、准备上级紧急要求的资料等。光是"应付"这些不重要却意外飞来的工作，可能就得花上大半天的时间，所以如何减少这些工作时间是相当重要的。

其中最重要的要算是"非紧急重要事项"了，能够切实着手这方面工作的人，就能比别人提早步上康庄大道；无法掌握的人，可能就必须度过忙碌不堪的每一天，工作会无限期地恶性循环下去。

  一周一次的面谈，能提醒部属不要只着眼于紧急事项上，"投资与预防活动"的话题也就自然会增加。

  如果只对部属承诺"有什么事可以找主管商量"，是无法把话题带到"非紧急重要事项"上的，只会局限在"紧急事项"上面。为了防范这一点，定期面谈就更显重要了。

一天一次，一周一次

在"把工作交办给部属，但不干涉对方工作方式"的前提下，定期沟通是不可或缺的。如果缺少这一步，部属可能会像断了线的风筝般四处飞舞，导致交付的工作成为一种灾难。

实行一天一次、一周一次沟通的量表

你的团队是否正在进行下列的定期沟通模式？请选择是或不是来回答，并且记录执行的内容。如果没有的话，那就请将必须实行，或可望改善的项目也记录在"执行内容"一栏中。

	种类	是否已执行?	执行内容
一天一次	业务日报	是·否	
	与部属说话	是·否	
	其他	是·否	

	种类	是否已执行?	执行内容
一周一次	一对一面谈	是·否	
	团队会谈	是·否	
	其他	是·否	

02 支持他，避免盘问他

有一天，我在公司的会议室里，听到隔壁营销部的部长跟营销部的同事面谈时的问话：

"志村，之前的案子怎么样了？你到底打算什么时候才开始做？为什么就是交不出来？"

我当时的感觉是：这种说话方式简直就像审犯人一样，如果我是那位同事，一定很受不了。

为了有效利用一周一次的面谈，主管必须拥有强烈的意志，例如绝对不能在面谈中质问部属的工作情况，只要适时提供支持就好。主管必须下定决心以支持者的身份对待部属，否则很容易就会沦为盘问式的沟通。

盘问会损害部下的自主性

盘问式的行为会破坏面谈许多重要的功能，首先会适得其反地破坏面谈时建立的信任关系，并且让部属难以敞开心胸，讨论真正重要的议题。不仅如此，还会剥夺部属最重要的自主性，削减部属对工作的热忱。

当然，谈话的内容也会因此局限在紧急事项上，难以谈论到应该优先处理的"非紧急重要事项"。

盘问式的沟通方式百害而无一利，如果要把工作交给部属处理，就必须在这点上多加留意。

面谈时，由他主讲和提问

我们公司旁边就有家美式连锁咖啡店，我定期和公司的营销部长约在店里见面，通常会点两杯香气满溢的咖啡对饮。我会先和营销部长闲话家常几分钟，再切入正题：

"丸山部长，你有没有什么事情想问我的？"

"社长，其实我有一份打算提交给日本商事公司的资料，希望您能给我一些建议。另外，我们部门的业务量最近有减少的趋势，我考虑过相应的对策，希望能听听您的意见。"

"这样啊。"我一边点头一边这么回答，"从哪一项开始都可以，有问题尽管提出来吧！"

这就是我跟营销部长一周一次的午茶时间，只不过喝的不是红茶，而是咖啡。我对这种面谈的定义是：不是上司问部属自己想知道的事，而是部属问上司自己想知道的事。

以我现在的职位来说，需要面谈的部属也只有三位部长而已，所以进行的方式完全由他们决定，我只要默默听完对方说的话，并且在被征询意见时给予建议就可以了。

以上是公司领导人和高阶主管的面谈方式，但中阶主管和一般员工之间，可能就不完全适用这样的沟通模式，中阶主管必须稍微主动引导部属进入他想表达的话题。

不过，基本原则还是不变的：这场面谈的主角是部属，主管要带领他活用自主性，有效利用面谈的机会，表达自己的意见并切实提问，而不是主管放任自己成为主角。

有人可以放任，有人要多给提示

在一周一次的午茶面谈中，主角不是上司而是部属。当我在演讲上提到这个话题之后，很快就有人举手发问了：

"小仓先生，我现在知道面谈该注意的事项了。不过，我们公司员工好像还没达到你说的那种程度，如果只是回答他们的问题，工作上的细节还是会漏东漏西的。如果我不主动问他们工作进行得怎么样了，或某个案子是否有解决方案的话，事后可能会出现一些问题。在这种情况下，难道不能由我主动提问吗？关于这点我实在是挺困扰的……"

这是一个非常实际的问题，我稍微想象了一下这位听众和他的部属的对话情形，接着回答他说：

"如果是这种情况，主管就尽量问部属问题吧！也不需要特别客气，只是必须切记不能够'质问'对方。即使是相同的问题，询问的态度不同，结果也会有很大的差别。还有，为了不剥夺部属的自主性，面谈时请善用五个阶段的提示。只要能注意到这两点，主管视部属的状况尽量提出问题，也不失为一种良好的沟通方式。"

有个关于发挥领导能力的著名学说：赫西（P. Hersey）与布兰查德（K.H. Blanchard）所提倡的"情境领导理论"（Situational Leadership Theory），即能够适应对象的管理模式。对待部属的领导方式可大致区分为四种：对于能力成熟的部属就尽量采取放任形式；但对于能力尚未成熟的部属，必须从旁给予强烈的指示，甚至适时给予精神上的支持；对于有能力但动力不足的部属，则要加强精神上的鼓舞；相反地，有热忱却能力不足的部属，就必须多给予工作上的指示。

主管与部属在面谈时也一样，主管可视部属各方面的成熟度，决定面谈的方式。配合对方随机应变是很重要的，在基本原则之下，随状况作适当的改变，找出与部属之间最佳的沟通模式。

一对一面谈的妙用

主管与部属的一对一面谈,根据做法的不同,可能成为部属的特效药,也可能变成毒药。为了不剥夺部属的自主性,进行面谈时,尽量让部属握有主导权,这样才能达到栽培部属并提供适当协助的目的。

盘问部属与共度午茶时间的差异

午茶会谈是以部属为主角,而盘问则是以主管为主角。在主导权与决定权转交给部属的情况下,提供支援的主管必须注意稳固自己的谈话立场,用心进行面谈。

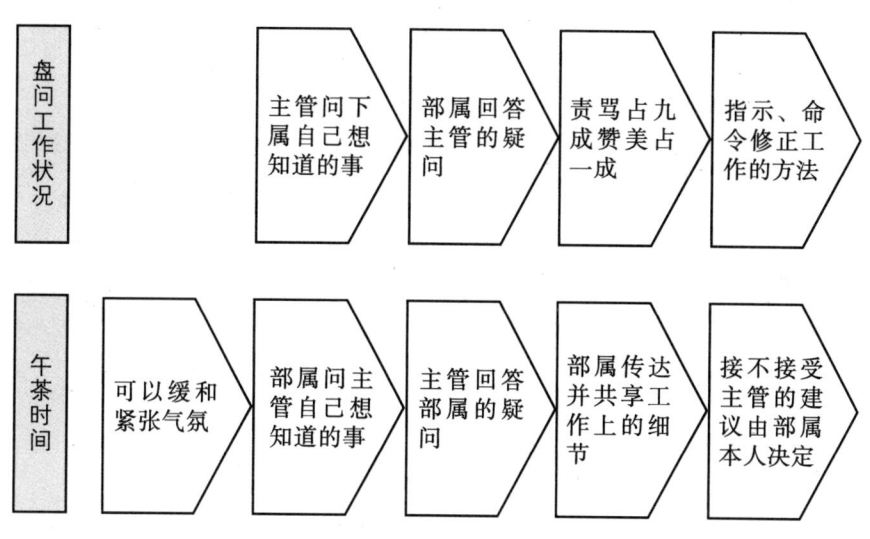

03 你的理解比唠叨好用

假设有位部属被主管交付了更高阶的工作，却无法顺利完成，心里累积了许多愧疚与压力，他现在最需要的会是什么？

是技术上的建议吗？还是鼓励他只要努力总会做得到？或是训斥他这样下去不行？我认为答案不是其中的任何一项。

这种时候，他最需要的其实是"被认同"，而不是"达成目标就称赞、无法完成就不称赞"的成果认定。"被认同"和是否达成目标无关，而是主管对部属的认同以及感谢。

"谢谢你跟我们一起努力到现在，不管有没有达成目标，你都是我们的一分子。"

虽然只是简单的几句话，但我认为适度向部属传达这种与成果无关的认同，是相当重要的。举例来说，以下的句子就十分贴切：

"山川先生，昨天你加班到好晚，以后还是早点回家休息吧！"

"伊藤小姐，今天早上你来上班的路段好像发生交通事故？不要紧吧？"

"志村先生打招呼的声音，听起来总是那么有精神，真好！"

不论成果如何，主管都应该要认同部属的存在价值。只要在平时说话的语气中，表现出对部属的关心，就能让部属产生"被认同"的感觉。这种认同感又称为"心灵能量"。在部属被交付困难的工作，又因无法顺利完成而感到不安及孤单时，他们所需要的不是问题的解决方法，而是心灵能量的补充。回想自己过去的亲身体验，我深感确实如此。

你对他表达过关心与理解吗？

有天早上，我赶着参加公司早会，匆匆忙忙准备出门的时候，老婆突然对我说：

"今天明明只能丢可燃垃圾，隔壁的高桥家却随随便便地扔不可燃垃圾，你不觉得很过分吗？"

我心想："我又不能直接去跟人家抗议，毕竟大家都是邻居，这种小事根本不重要吧？我现在赶着要出门好吗？"虽然心里急得要命，但还是试着保持冷静地回答她："不然打个电话给清洁队呢？"

老婆听了以后回答："不用啦，事情其实也没那么严重。"

于是我说："那要不要去问问管理委员？"

老婆又回说："不用啦……"

这下我终于忍不住了："那你到底想怎样啊？"

这时候老婆才说："没有想怎样啊！你只要安静听我说就好了嘛！"

我曾经在某本书上看过这样的理论：男人的大脑倾向"解决问题"，而女人的大脑却倾向"寻求认同"。当时我边看边点头，说得简直太对了！

但我觉得，这种情形不只限于男女之间的差异，也适合用来形容上司和部属之间的不同：上司的大脑倾向于"解决问题"，部属的大脑倾向于"寻求认同"。

主管和部属面谈时，最重要的不只是"解决问题"，和"解决问题"同样重要、甚至更加重要的是向部属表达"认同"以及"理解"的心情。主管可以这么说：

"原来你因为这件事这么烦恼，心里一定很不好过吧？"

"原来这么辛苦啊！你真的很努力了！"

观察部属的状况，站在对方的立场出声探问，认同并试着理解部属的心情，同时将你的理解用言语表达出来。在这种情况下，主管并不需要试着解决问题。

当部属得知主管的理解和认同后，想法可能就大不相同了：

"原来主管都知道，他愿意肯定我，对我的心情表示认同。"

许多问题在这个阶段都会获得解决，其实部属也都知道什么是自己该做的、又应该怎么做，但就是迟迟无法踏出那一步。主管的认同和支持，等于是推了他一把，许多问题很可能就迎刃而解了。

主管和部属面谈时的第一优先级，就是"认同部属的心情"。

一张嘴，两只耳朵

部属需要的不是"解决问题"而是"理解认同"。只要以这样的原则来思考，主管的行为模式自然有所改变。这也暗示了在面谈时，主管的"聆听"远比"说话"来得重要。

人有一张嘴，却有两只耳朵，造物主清楚得很，要我们"聆听"的时间是"说话"时间的两倍。

在二三十岁时，我是个只顾着自己说话的糟糕上司，为什么呢？因为我认为那是我给部属的福利。毕竟我曾经是个顶级顾问，现在毫不吝惜地把自己的所学和经验传授给部属，而部属可以得到这么多宝贵的信息，应该会很高兴，于是经常出于一片好意说个不停，殊不知与人之间的交流，其实应该把握"多听少说"的原则。

强迫别人听你说教会让对方心生排斥，并导致部属把责任推到他人身上，因此主管要创造出让部属"自己作决定"的良好氛围。而"聆听型"的指导技术可以说是相当有效的。

主管不光只是负责回答问题，"你觉得怎么做比较好呢？"的适当发问，也能让部属从思考中找出答案。如果要分配双方的发言比例，以主管占两成，部属占八成左右为佳。但多数主管与部属面谈时，对话比例却正好相反，主管八成、部属两成的情形十分常见。

对主管而言，重要的不是"说话"，而是"聆听"，这可以说是定期面谈的基本原则。

传达认同感

有成果才称赞,这对部属来说,是有条件的认同。但身为主管,应该对团队里的成员表示无条件的理解与认可,这就是对部属存在价值上的认同。

对部属表达理解认同的量表

主管要怎么传达"可能不太习惯表达的认同感(即对存在价值的理解)"给部属才好呢?请在以下的量表中,记入适合每位部属的认同方式。

姓名	表示认同的事项		具体表达认同对方的话 (记录实际上可以说的词句)
	· · · ·	▶	
	· · · ·	▶	
	· · · ·	▶	
	· · · ·	▶	
	· · · ·	▶	

04　注意，没定期限的事就别想有进度

花时间商讨经营方针、格式化工作流程、栽培部属以及追求自我进修与启发等，都是"对未来投资"和"预防问题"的措施，也就是所谓的"非紧急重要事项"。在一步步实行之下，未来将会更加稳固，并逐渐迈向康庄大道。这一点每个人都很清楚，却始终难以真正实行，因为一般人平常工作时，很容易都被紧急事项拖住，在真正重要的时刻却挪不出时间来。这个问题不只发生在部属身上，也经常成为主管头痛的问题。

非紧急重要事项的两个特征

到底为什么会迟迟无法执行"非紧急重要事项"呢？我想原因就在于"非紧急重要事项"有着以下两项明显的特征：

第一个特征："非紧急重要事项"都是些复杂的"大任务"。举例来说，如果拿它和相反的"紧急事项"作比较，例如"整理发票"就会是比较简单的"小任务"，工作内容很单纯，只要依照单据做记录就可以了，既不复杂也不困难，所以马上就能够动手处理。

而"非紧急重要事项"几乎都很复杂困难，例如业务方向的制式化与公式化、订立部门经营方针、栽培部属等。以上每一项都无法用普通的方式处理，所以才更加难以着手。如果不事先规划与分配，根本就无

法完成。要执行这样的工作，需要一定程度的分解技术。如何把大任务分割成几个小任务，就得仰赖主管为部属提供适当的协助了。

第二项特征听起来有些理所当然："非紧急重要事项"是没有完成期限的。比起有期限的"非重要事项"，没有期限的"非紧急重要事项"虽然比较重要，一般人还是会先着手处理前者的工作，这跟是否有完成期限有相当大的关系。

既然如此，只要为"非紧急重要事项"定一个期限，事情就能迎刃而解了。遇到没有期限的工作，就要求部属自己确定一个完成期限，并且在同事面前公布出来，这样就能成为部属前进的动力之一了。

引导他把大任务拆解成小工作

主管要适度协助部属尽量简化复杂的工作，通过这个方式为部属提供技术上的支持。例如在作业流程的格式化和公式化方面，分解简化过后，就会变成以下的项目：

- 整理业务量
- 制作业务流程图
- 选择最适合的执行方法
- 确定公式化手册的概要、编制目录
- 编写公式化手册
- 添加图表与照片内容
- 最初方案的现场排演、修正，并获得主管认可

光是大略提及简化内容，就能列出这么多项目了。主管需要做的就是在面谈时，协助部属列举出这些清单。主管可以提出问题，引导部属进行沟通面谈。当部属凭自己的力量无法达成时，主管也可以举出范例提示部属。

此外，也必须适时带领还不习惯分解工作的部属，一起体会这样的过程。不能把"部属不曾经手过的工作"交给对方。分解复杂的工作，是部属不曾做过且不擅长的工作之一，所以主管需要在旁提供协助。

一般人遇到太庞杂的大任务时，往往不知道该如何处理才好。如果直接挑战，会为自己带来很大的恐惧；但只要先将大任务分解成几个小任务来处理，就没什么好怕的了。一旦通过考验，部属就一定会感到，当初接受任务时不知该如何是好、心怀恐惧的过程，简直就像做了一场梦。

帮助部属逐步分解工作，可以成为部属大幅推展工作进度的原动力。

设立"里程碑"

主管在协助部属将工作分解成小任务之后，部属接着就往"设定完成期限"的目标迈进了。"非紧急重要事项"是没有期限的，因此更必须让部属自己设定一个预计完成的时间，而且需要设定的期限通常不只一个。简单来说，并非只确定"最后完成日"就好，应该在抵达目标的过程中，设置几个中间期限。

以作业流程的制式化和公式化来说，将大任务分解成几个小任务之后，可以在每个小任务之间设定一个中间期限，这个期限通常被称为"里程碑"。

- 整理业务量／四月十日
- 制作业务流程图／四月十三日……

像这样慢慢规划出任务之间的里程碑。

这样一来，原来没有期限的工作在设定了适当的完成日期后，大任务的紧急程度也就与"不重要的紧急事项"不相上下了。

但任务不是在这个时候就宣告结束，而是从这里才正要开始发展。因此身为主管的人，必须在每个"里程碑"与部属进行工作上的会谈。

要商订出部属跟主管会谈的日期，并且当着部属的面，将会谈日期写进自己的日程表里。这样一来，以往的"非紧急重要事项"，就转变成"紧急重要事项"了，工作的优先性也将大幅提升。

只要实行以上做法，主管就能够协助部属，为难以着手的"非紧急重要事项"定好期限。这样部属才能更加接近幸福人生，而主管本身也往前迈进了一大步。

确定工作的轻重缓急

执行"非紧急重要事项"能够引领你步上理想的幸福人生之路。下列每个象限分别包括哪些事项?请仔细确认。

	重要的紧急事项	重要事项
重要	赚钱的工作 ・访问客户、接待客户 ・有明确期限的工作 ・会议、面谈 ・生病、事故 ・解决纠纷 ・争执、口角	对未来的投资,预防问题产生 ・栽培人才、培养人际关系 ・提高工作效率 ・愿景、策略的规划与共享 ・权限转移、职务变更 ・学习进修、自我启发 ・运动、增进健康 ・拓展人脉 ・家庭、兴趣、充实日常生活
	紧急事项	不必要的事项
不重要	应付眼前的工作 ・突如其来的拜访、电话 ・临时被要求的工作项目 ・不重要的会议和讨论 ・不重要的工作和报告 ・经营没有意义的关系 ・必须呈报与登记的事项	逃避压力 ・聊天、打发时间 ・不必要的工作 ・等待的时间 ・无聊时的换台或看漫画 ・睡眠时间过长 ・发呆
	紧急	不紧急

第 7 章

在组织中提升他的作战能力

01 以团队作支援

  我认识的一位社长客户曾经这样跟我说：

  "我公司里的野田课长虽然很有胆识，但在工作上老是粗枝大叶的。他这个人很会说话，这一点让同事们都很喜欢他；可是到了关键时刻，就经常疏忽大意，最后很容易失败。我本来想提拔他当部长的，可是他这个坏习惯却一直改不过来，真伤脑筋！小仓先生，你有没有认识适合的人，可以介绍给我啊？我随时都可以把对方挖过来！"

  回想起野田课长的办事风格，我差点笑了出来。经社长这么一提，我发现野田课长好像真的是这样，难怪社长会觉得野田课长不太可靠。但我却一直在思考：以挖角的方式找来新的部长，这样做真的好吗？

  这家公司并不大，从事的也不是热门行业，只是个制造产业用机械的朴实的地方中小企业。在这样的企业里，真的能栽培出社长心目中的全能部属吗？真的能顺利从别家公司挖角吗？我觉得社长的想法似乎有点天真。

  于是我跟社长说："社长，你能不能试着把个性规矩又细心的今井主任，调到野田课长的旗下？我想这样就能弥补野田课长的不足之处了。要求一个人具备所有能力，是不太可能的事。与其找个全能的部属，不如先尝试部属之间互补的组合，你觉得如何？"

  社长听完，一脸认真地说道："这样啊……我是这样在要求部属的吗？

不过，现在回想起来，我年轻时不但擅长鼓舞员工，工作细节也处理得很好，我当时跟他现在的年纪也差不多啊！"

我笑着回答："那当然，所以你才会成为社长啊！野田课长又不是要当社长，我觉得只要他跟部属搭配得宜，应该能够成为一位好部长的。公司不能要求人人都是全能员工。主管不足的部分，可以让他和部属之间互相协助弥补，这样的做法不也挺好的吗？"

社长沉吟了一段时间，接着自言自语似地轻声说道："或许真的是这样也不一定……"看来社长的想法因此有些改变了。

能力互补，每个人都有发挥空间

足以代表日本而闻名于全世界的两大企业——本田（Honda）、索尼（Sony）两大集团，也拥有超人般的创业团队、顶尖人物与第二号人物。

索尼集团的两位创办人，一位是开发出划时代新技术的研究人员井深大先生，一位则是当年只身飞往美国纽约，设法拓展晶体管收音机市场的盛田昭夫先生。

本田企业的创始人是经常穿着工作服，在工厂亲身示范机器操作的本田宗一郎先生；他一直深受员工敬重，也彰显了产业的核心价值。而本田先生最重要的事业伙伴，则是擅长规划财务和经营策略，并使本田企业梦想成形的藤泽武夫先生。

即使是全球知名的经营者，都不是一个人在职场上单打独斗。正因为身旁有弥补自己缺陷的第二号人物存在，他们的强项才能发挥到极致，这正是人才组合的奥妙之处。

如果你想栽培某位主管，可以试着将能够弥补该主管不足的第二号人物，配置在他的旗下。如此一来，这位主管跟第二号人物的组合，就可以促进主管发挥应有的领导能力。之后，你可以告诉新任主管和第二号人物，你的真正用意。

一开始是野田课长跟今井主任的搭配，而第二号人物若能不负众望有所成就，接下来就轮到他升官了。后来野田部长跟今井课长的强力搭档阵容果然就此形成。

人才组合的巧妙，不仅限于实务能力上的配合。能活泼带动气氛的员工，搭配一步一脚印埋头苦干的员工，这样的组合应该也很不错。

主管把工作交付给部属时，不该只是着力找出全能的部属，而要从人才间的组合去评估。这么一来，原本不放心交给部属的工作，也可以放心交付出去了。就算对方不是全能的部属，主管也能够把重要的工作交给这个普通人才来处理。

平凡的球队，可以打败明星球队

组织的存在意义，本来就是"以现有的平凡人才，展现出非凡的成果"。但是，身为领导者却总渴望着全能部属的存在。

各位不妨回想一下日本职业棒球队读卖巨人队。读卖巨人队曾经动用大量的人脉与资金，网罗所有职业棒球队中的明星球员，组成了全明星球队，并邀请当时任职于中日龙职业棒球队的落合教练来带领这支明星球队。但落合教练却直接拒绝了球队的请托，因为他只想栽培目前的选手，强化自己的球队，因此坚决采用与当时巨人队背道而驰的领导方式。当时他这么表示：

"以巨人队现在的作战能力来说，即使是球场里的观众，不管老弱妇孺，任何人来当教练，巨人队都能赢球！"

"不能只想从别的球队招募优秀的球员，而是要花时间栽培球员跟团队，这样才能创造一个实力强大的球队。为了证明我所言不假，我们一定会赢的！"

就在他发表这样的宣言之后，中日龙球队果真一路维持了漂亮的战绩。

没有全能的部属就无法胜出，一旦有了全能的部属就能获胜，这种言论等于是否定了领导者的存在价值。栽培、组合平凡的部属，提升他们的士气，并展现非凡的成果，这才是领导者的职责所在，也是这个职位的价值与意义。

"就算我想把工作交出去，也没有部属有能力接手啊！"在感叹这句话之前，主管的想法也该改变一下了。

建立不同的人才组合

身为领导者不该只想着栽培一名全能的部属,而是设法组合起平凡的人才,以展现非凡的成果,这也是领导者的职责之一。每个人都有擅长跟不擅长的项目,主管可以试着组合不同的人才,来满足工作上的需求。

人才组合评量表

写出部属的名字,以及他擅长和不擅长的工作项目。接着思考如何以不同的组合搭配,补足部属本身的缺点。在部属之间连线,以表示人事能力及团队配置等变动。

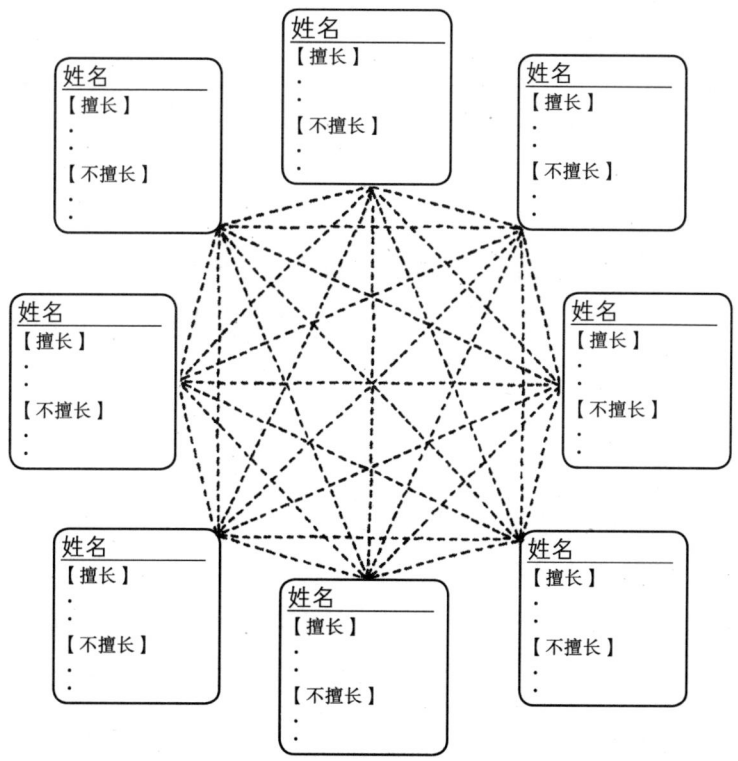

02　给他武器，让他至少能拿到七十分

我们公司的营销部长丸山有一次问我："社长，我们公司的营销员口才都不好，不太会推销公司的商品。不管怎么教都学不会。听到他们介绍商品，真的让人很受不了！最后实在没办法，只好全部由我来主导。遇到这样情形，要怎么让他们进步呢？"

我一面听他说，一面心里想："当然会这样吧。"如果所有的员工都像丸山部长一样会说话，那些人就不会是他的部属了，所以他们不擅言辞也是理所当然的。

但是，这种情况的确令人伤脑筋，也难以达成工作目标。从设法"以平凡的人才做出非凡成果"这一点看来，这个案例需要的不是部属间的互补合作，而是主管必须为部属打造好武器。

丸山部长应该做的，不是跟我抱怨自己的部属，而是设法为他们打造可用的武器。例如编写销售谈话手册，为营销的同事提供在客户提问时能确实应用的问答题库，编制询问客户细节时会用到的确认评量表，定期业务演练以评估使用这些武器的成效：这些才是丸山部长该做的工作。最重要的是，这些必须是"只要使用得宜，不管是谁都能拿到七十分的武器"。

主管不能一味依赖部属本身的专业能力，也应该为平凡的部属打造实用的武器，让整体分数都能保持在七十分以上。唯有为部属打造出精

良武器之后，才能考虑把工作交付给他们。

剩下的三十分，让他自己动动脑

即使有了精良的武器，部属能拿到的分数也只有七十分，那剩下的三十分又该怎么拿？如果没办法用制式化规章提供支持，难道一切还是得由主管提供详细的指示吗？

不！我想这应该不是主管应尽的职责，答案其实相反，能不能拿到那剩下的三十分，完全由部属决定。

主管不需要为部属铺好一切的路。无论再怎么完美的制度和武器，光使用它也无法得到满分。如果真有这样的技术，部属可能就不是人类，而是机器人了。为了帮助部属自我进步，绝对不能把他们当做机器人看待。

换言之，特意留下三十分的空间，其实刚刚好。这三十分可以作为部属自由发挥创意的空间，活化他们的思考及创造力。

主管不妨试想一下，把工作交办给部属的最大目的是什么。应该是栽培部属，提升他们的工作能力吧？如果百分之百的重担都落在一个人的肩上，他可能会受不了。如此一来，不管做什么都无法帮助对方进步，也无法继续将工作交给他了。正因如此，才会提供部属制式化的武器。但如果武器的存在，反而阻碍了部属的成长，那就本末倒置了。

所以，尽管大方地向部属要求那三十分吧，否则部属也会丧失工作动力。

"简单化"与"专门化"也要同时考虑

无论是谁来使用，都可以拿到七十分的武器，也就是一般称为"标准化"的管理方法。不过这类型的管理方法除了"标准化"之外，还有另外两种方式，三者统称为"改善的3S"。

所谓的3S，是取"标准化"（Standardization）、"简单化"

（Simplification）、"专门化"（Specialization）三个英文单词的第一个字母而来的。

"简单化"指的是简化工作，舍弃复杂的手续和不必要的业务，以减少失误率；或是明白指出"重点商品""重点区域""重点客户"等，以集中火力在这些工作要项上。这些做法都可以称为"简单化"的管理方式。

"简单化"用的不是加法而是减法，这样才能集中精神在真正重要的工作上，这就是"简单化"管理的目的之一。

而"专门化"指的是将复杂的业务分割成几个不同的区块，只让部属处理其中的一部分，以此熟悉业务、提高效率，这也是增加产能的管理手法之一。"专门化"可以应用在不同项目的管理上，举我们公司的顾问群为例，就有"人事制度专门小组""经营理念专门小组""教育培训专门小组"等。

此外，业务流程也适用于"专门化"的管理方式。例如把业务流程划分为"接洽电话预约专门部队""提案活动专门部队""客户跟进专门部队"等，在区块专门化上，也是相当有效的管理方法。

不只是"标准化"，借由"简单化""专门化"观点的加入，主管要把工作交办给部属，应该就更加容易了。主管也可以借此思考不同的部属适合从事哪一个区块的工作。

主管应该提供标准化武器

所谓的组织，就是以现有的平凡人才，展现出非凡的成果。主管不能只仰赖部属本身的专业能力，必须打造出"无论是谁都能获得基本分数 70 分"的武器，这样才算是尽了主管的职责。

赤手空拳跟手中握有武器的差别

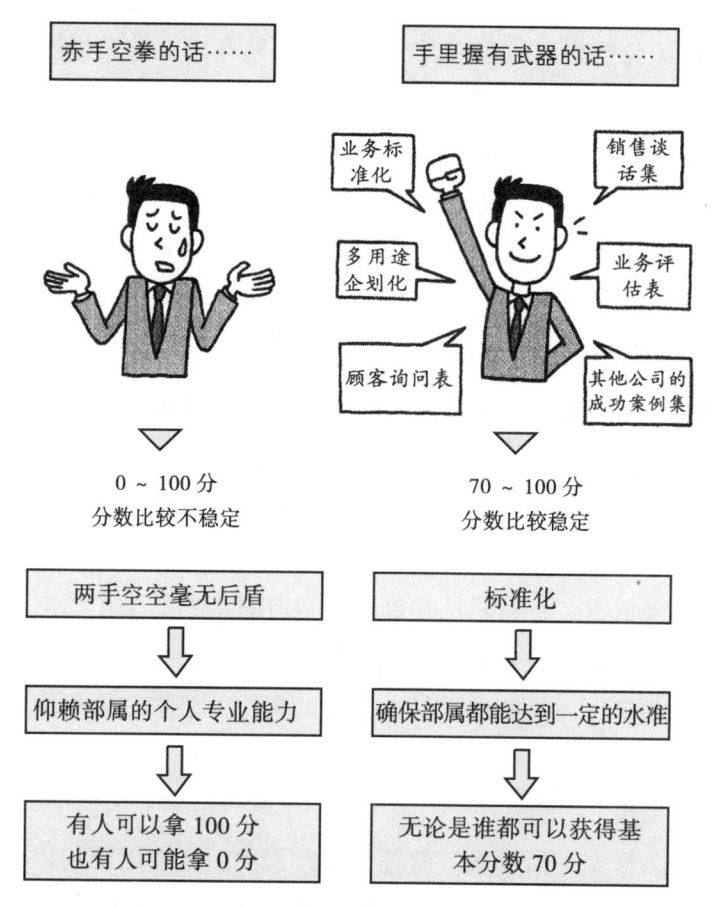

03　打造"全自动"团队

前来拜访我们公司的客户，经常在看到贴在墙上的大量图表后，露出惊讶的表情，频频惊呼："太惊人了……真的贴满了整面墙诶……"接着，他们会提出以下的问题：

"小仓社长，你们公司墙上贴了这么多图表，办公室不会变得杀气腾腾吗？员工又不是赛马，这种'把胡萝卜绑在马儿面前的行为'真的没问题吗？我们公司如果这样做，办公室的气氛肯定会变得很差……"

我听了以后轻松地回答说："大家看到我们公司的状况都会这么说，不过真的有那么严重吗？自从实行'可视化'的政策之后，我们办公室的气氛反而变得更和谐了，你们知道这是为什么吗？"

客户不可置信地看着我。于是我继续说道："我把'可视化'又叫做'全自动控管装置'。在使用这个装置之前，组织里必要的控管责任都是由主管来负责，也就是从早到晚都得盯着部属的工作动向。不过，由于'可视化'这个'全自动控管装置'的出现，主管就不用整天跟在部属后面唠叨了，而是能够亲切地对待部属，办公室气氛也因此变得更轻松和谐了。"

"原来如此，竟然有这种效果啊……"客户似乎都感到相当惊讶。

主管把工作交办给部属，就等于必须忍耐，不能随便加以干涉。我在之前就提过这一点了。但是，如果无法将部属引导至正确的方向，而导致公司整体的严重损失，那可就得不偿失了。所以适当地提醒部属注意，还是有必要的。

这个时候，"可视化"就能够发挥它的威力了。"成果""过程""目标""职务分配"的公开化，能够协助部属做好工作内容，提升部属的自主性。

实施可视化政策，也就等于为主管打造了更适合交付工作的环境。

一秒就要让人看懂

有一天，客户和田课长一脸得意地拿出他们公司的可视化图表说："小仓社长，关于你上次建议的'可视化'，我回去之后马上就跟着做了。"

看到摊在面前的巨大表格，我忍不住皱起了眉头。

"有什么不对的地方吗？"和田课长担心地打量着我。

我决定直接指出问题的重点："和田课长，我要理解这张表格的内容，得花一分钟以上的时间，这样就没有'可视化'的意义了。'可视化'就是不管谁去看什么表格，都必须在'一秒'内就看懂，这样才有展示的意义。"

"可视化"的重点就是简单明快，主管想传达的信息，必须用一秒钟的时间告知全体员工。表格上已经达成的目标是什么、未达成的目标是什么、哪里有不足的地方、不足的百分比大约是多少，这些图表数据的呈现，都必须让人一目了然。

为此多少得牺牲掉一些精确的数据，如果一字不漏地呈现工作内容的全貌，就称不上是"可视化"了，许多主管在这一点上经常会有所误解。

与其用图表呈现已达成的数据细节，不如画〇代表达成，画×代表未达成，用这样的表格方式来呈现比较清楚易懂。或者是在100％的地方画一条直线，以直方图表示，这么做会比文字信息来得简单明了。

如果贪心地想塞进太多信息，反而会混乱得难以兼顾结果。"简单易懂"是实施可视化行动的第一法则。

第一时间就要更新

"可视化"行动无法持久的最大原因就是：疏忽了"图表更新"这项重点。有一次我看到员工的目标达成图之后，跟名列第一的营销部同事这么说：

"喔！山田，剩15%就完成了嘛！只差一点了，好好加油！"

山田听了以后，一脸尴尬地回答说："社长，那个是两个礼拜前的旧进度了。结果在那之后，我就一直没有进度……"

听了山田的话，我感到相当失望。

如果不重视图表的正确性和时效性，"可视化"的行动就失去意义了；唯有在第一时间将正确的数据填上图表，"可视化"才能展现它应有的功能。如果疏于更新内容，"可视化"这项指标就失去了公信力，搞不好到最后，大家连看都不想看了。

"可视化"更深一层的精髓就在于"对话"。大家一起看着墙上的图表，通过主管跟部属、同事之间的互相交流，给予彼此良性的刺激，就能促进职场上的自律性以及自动自发的工作动力。这样的效果，绝非独自一人默默看着图表能够相比的。

既然如此，图表上的数值就必须是正确的，图表的内容必须是"现在进行时"才行。如果把旧有的或错误的数据贴在墙上，就会导致相反的效果，别说是提升部属的工作效率了，甚至可能会造成负面的影响。主管在展开"可视化"行动时，一定要下定决心确实执行。如果做法不够彻底，还不如不要开始。

工作"可视化",部属自动自发

就算没有主管的时时督促,部属也该自律性地完成自己的工作。因此不可或缺的就是"可视化"这个方法。"可视化"大致可分为三种,请参考以下图表规划实行。

三种具体化

目标的可视化(举例)

过程的可视化(举例)

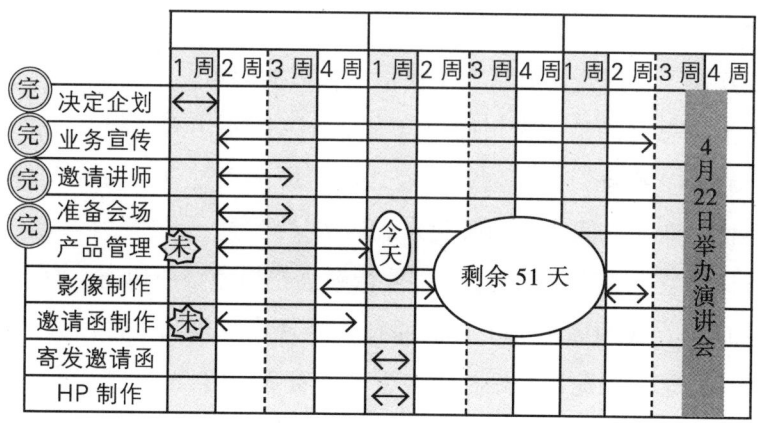

过程的具体化(举例)

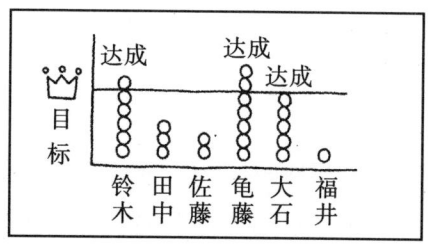

04　同样的话，你说是教训，同事说是分享

有一回，我听到公司的同事大川以严厉的口吻，毫不客气地对谷口说："这样你的部属也太可怜了！你根本只是为了达成目标，任意使唤自己的部属而已。如果我是你的部属，根本无法信任你！"

大川的口气听起来，实在不像刚刚才被谷口严厉指正过。两人的立场好像互换了，这会儿成了大川在指出谷口的问题。

但不可思议的是，大川的口气完全让人听不出有"报复"之意，反而像是在用"报恩"的口吻，对着才刚严厉指正过自己的谷口，报以回馈和热忱，两人之间的对话听起来既热切又严厉。

谷口铁着一张脸当场僵住，接着像勉强挤出声音般说道："……大川，你说的没错。我的确是为了自己而工作，现在真想马上冲回办公室跟大家道歉。我想，我应该好好检讨一下部门管理的责任……"

在我们公司里，只有极少数人担任过讲师，因为公司同事间的工作交流，多半不是讲师指导听众，而是听众间互相给予建议，一起有所成长。

上对下的指导，他永远有压力

如果是"主管对部属""老师对学生"的关系，指导效果其实有限，因为那会变成凡事来自上级指示的"上下关系"。在这样的立场下，人

都会拼命保护自己。

保护自己指的就是凡事主张正当化，即不管发生什么事，一概认为"自己没有错"。正因事情都是来自主管的指导，当部属无法接受自己被否定时，可能会径直为自己寻找开脱的借口。

但如果是跟自己站在同等立场的人给的建议或指正，即有所谓的"同群效应"，就没有自我保护的必要，也比较能够坦然地接受对方的意见。

要如何创造出这样的职场环境，是身为主管的一大课题。创造部属之间能够充分发挥"同群效应"的职场，才是栽培人才的真正本质。如果只以"上下关系"重复对部属的斥责与肯定，效果毕竟有限。

同事分享，他容易听进去

"三流组织靠上下关系，一流组织靠同群效应。"这是我经常说的一句话。原因在于主管一旦将工作交办给部属，就必须尊重部属的自主性，能够从旁提供协助的同群效应，也就显得更加重要了。

同群效应也有几个不同的种类。一个是像刚才举的例子，同事之间互相指出问题点，并给予建议。但那样的沟通方式就相当于"五个阶段的提示"中的第四或第五阶段。虽然说是同事之间的相互冲击，但过度仰赖直言不讳的提示毕竟有其风险，因此组织中需要的是更和缓且持续性的刺激。

这时候，引导同事之间"经验分享"的话题，就具有相当显著的效果。经验分享就像讲故事一样，同事间只要举出自己"成功的工作经验"，就能充分发挥提示的功效。

营销部同事成功的市场开发案例、技术人员开发出划时代技术的辛酸血泪过程等，都相当具有激励人心的功效。找出公司里沉睡已久的经验和故事，与全体员工共同分享，同时也造就了优质的同群效应。互相激励的情绪也会因而沸腾，有以下的想法可能就会在员工间弥漫开来："那家伙也真厉害！原来他一直那么努力啊。跟他比起来，我下的功夫果然还不够……我也想变成像他那样，真讨厌现在的自己……"

不是来自上下关系而是来自同群效应，不是互相抨击而是分享成功经验谈，这样的信息比较容易让人接受，进而达到和缓的刺激效果。

身为主管必须打造出这样的环境。具体来说，在以下几个场合持续分享经验较具成效：

- 早会、晚会
- 公司内部刊物
- 全体集会
- 部门会议
- 面谈

……

是不是令人迫不及待地想尝试了呢？

讲故事，最能营造气氛

在经验的分享上有几个重点，其中最重要的是，以"讲故事的方式"来讲述自己的经历。戏剧性的故事可说是全世界共通的"感动结构"，根据这样的结构来叙述故事，就能够强烈地打动人心，具体的例子就如同下列项目。在此举出基本的戏剧性流程：

【愿望】想跟美丽的女性结婚、想成为大富翁等愿望，揭开了故事的序幕。

【障碍】如果突然获得成功，就太缺乏戏剧性效果了，所以在达成愿望前，总有各种阻碍发生。

【纠葛】主角感到十分挣扎，到底要消极放弃还是积极迎战呢？内心的纠葛造就十足的戏剧效果。

【达成】在挣扎之后，主角总算实现了愿望，这也是故事中的最高潮。

　【升华】于是主角在达成愿望之后，得到了理想的自我升华，真是可喜可贺。

以这样的基本架构组合的成功经验谈，最是吸引人。通过这样的结构，能够有效加强部属的工作动机，并以共享成功经验达到学习效果。

主管分享戏剧性的故事能刺激出更多的同群效应，一定能为部属带来更多益处。

同群效应与戏剧性故事

在上下关系中,斥责与鼓励的效果其实很有限。三流组织靠上下关系,一流组织靠同群效应。如果能同时搭配戏剧性的经验分享,效果会更加显著。

上下关系与同侪效应

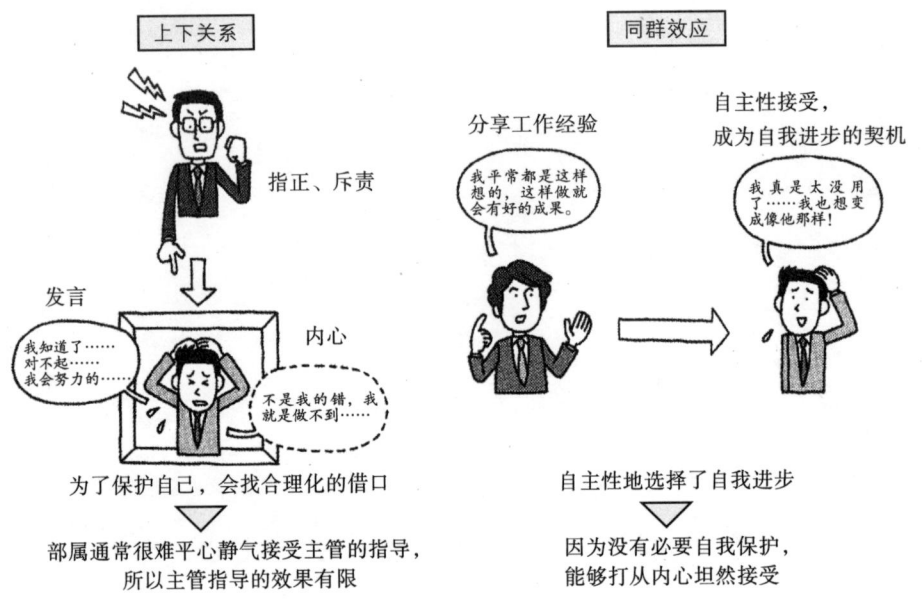

戏剧性的故事架构(以男女相遇为例)

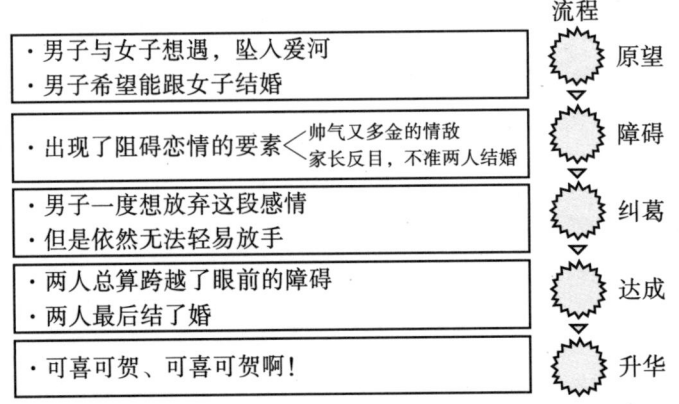

出版后记

出于各种原因，主管往往无法将工作交给下属，其结果必然是资源的浪费和效率的损失。长此以往，下属永远无法成长起来，而主管的工作则会越堆越多。可见，交办是关乎经营成败的关键环节。所以，当主管就必须要考虑交给谁、怎么交、如何跟进等问题。日本人力资源专家小仓广以自己近20年的管理经验对上述问题作出了系统性的解答。

要使交办顺利进行，主管首先需要淡化得失心，用"培育人才"的长远眼光来克服交办的心理障碍。其次，交办还要有技巧。书中详细分析了交办流程中可能会遇到的问题，并给出了具有操作性的解决方案。读者会从中学到诸如挑选交办的人与事、提出工作要求、有效沟通、培养下属积极性、保障工作进度、提携培育下属的具体方法。有了这些必备武器，管理工作就事半功倍了。

管理是实践的技术，而交办则是管理的第一步。本书作者将自己的职场经验作为案例分享剖析，紧贴实践，可读性强；精心设计的各式表单也可帮助读者切实将理念运用于实际。相信读者能从本书中受益，学到真正实用的交办技巧，成为一名高效的管理者。

后浪出版公司已出版《带人的技术》，未来将陆续出版《带人的技术（团队篇）》《一个月改变部下的行为》等一系列有关如何教人、如何带人的书籍，给管理者提供更可资借鉴、实用有效的方法，敬请读者继续关注。

服务热线：133-6631-2326　188-1142-1266

读者信箱：reader@hinabook.com

后浪出版公司
2015年4月

图书在版编目（CIP）数据

交办的技术 /（日）小仓广著；林佑纯译．
-- 北京：北京联合出版公司，2015.6（2016.2 重印）
ISBN 978-7-5502-2642-5

Ⅰ．①交… Ⅱ．①小… ②林… Ⅲ．①企业管理－组织管理 Ⅳ．① F272.9

中国版本图书馆 CIP 数据核字（2015）第 082648 号

MAKASERU GIJUTSU
By HIROSHI OGURA
Copyright © 2011 HIROSHI OGURA
All rights reserved.
Original Japanese edition published by Nikkei Publishing, Inc., Japan
Chinese translation rights in simple characters arranged with Nikkei Publishing, Inc., Japan
through Bardon-Chinese Media Agency, Taipei.
本书中文简体版权归属于后浪出版咨询（北京）有限责任公司

交办的技术

著　　者：［日］小仓广
译　　者：林佑纯
选题策划：后浪出版公司
出版统筹：吴兴元
特约编辑：李　峥
责任编辑：刘　凯
营销推广：ONEBOOK
装帧制造：墨白空间

北京联合出版公司出版
（北京市西城区德外大街 83 号楼 9 层　100088）
北京京都六环印刷厂印刷　新华书店经销
字数 95 千字　720 毫米 ×1030 毫米　1/16　10.5 印张　插页 2
2015 年 6 月第 1 版　2016 年 2 月第 3 次印刷
ISBN 978-7-5502-2642-5
定价：36.00 元

后浪出版咨询（北京）有限责任公司 常年法律顾问：北京大成律师事务所　周天晖 copyright@hinabook.com
未经许可，不得以任何方式复制或抄袭本书部分或全部内容
版权所有，侵权必究
本书若有质量问题，请与本公司图书销售中心联系调换。电话：010-64010019